선악의 경계를 넘어서라

선악의 경계를 넘어서라

제운堤雲 스님 글·그림

지혜의나무

머리글

요즘 왜 이런지 마치 아군과 적군이 서로 대치라도 하듯 우리는 절대 선이고 상대는 절대 악으로 평가하고 제압하려 한다. 무엇이 절대 선이고 무엇이 절대 악인가? 절대 선이나 절대 악은 없다. 보라, 맑고 아름답게 찬란히 빛나는 다이아몬드가 본래 그런 모습은 아니다. 온갖 화학적 부산물의 작용에서 형성되었다. 향기 나는 아름다운 꽃도 더럽고 냄새 나고 칙칙한 거름의 화학적 요소의 작용에 의해 피어나기에 『반야심경』(般若心經)에서는 "더럽지도 않고 깨끗하지도 않다."(不垢不淨)고 했다.

좀 더 나아가면, 우리가 보는 아름다운 것, 그렇지 않은 모든 것들이 불교에서는 색(色)이라 하고, 이 색이 곧 공(空)이라 한다. 존재하는 양상은 그 실체가 영원성이 없어서 근원적으로는 공으로 돌아가는데 그 공이 다시 생성을 한다 해서 '공'을 '묘유'(妙有)라 한다.

선과 악에 대한 이야기가 『육조단경』(六祖壇經)에 나와 있다. 육조는 달마 이후 6번째 조사를 뜻하는데, 육조는 곧 혜능(慧能)이다. 혜능은 법명이고 성은 노 씨다. 그는 오조(五祖) 홍인 대사가 머무는 절에 행자(行者)로서 수행을 했다. 하루는 홍인 대사가 행자를 불러 그의 근기(根機)를 점검한 후 그에게 발우(鉢盂. 그릇)와 가사(袈裟)를 넘겨주고는 그의 신변을 위해 그곳을 떠나도록 했다. 발우와 가사는 깨달은 사람이 법(法)을 이었다는 신표가 된다.

오조의 가르침대로 혜능이 몰래 그곳에서 도망친 사실을 알게 된 홍인의 제자 중에 전직 장군 출신인 도명 스님이 앞장서 노 행자의 뒤를 좇아 그를 발견했다. 그때 노 행자는 가사와 발우를 바위 위에 얹어놓고 가져가라 하니 도명 스님과 그 일행이 가사와 발우를 가지려고 했으나 바위에서 떨어지지 않았다. 그러자 놀랍고 두려운 마음으로 노 행자를 향해 우리는 노 행자를 헤치려 하지 않는다는 말을 하자 노 행자가 말하길 "불사선불사악(不思善不思惡) 하라"라고 했다. "선도 악도 생각하지 말라"는 말이다.

신라의 고승 원효도 모든 중생의 마음은 선악을 함께 가지고 있다고 봤다. 그의 저술 마명 스님의 『기신론』(起信論) 별기(別記)에서 일심이문(一心二門), 한 마음에 두 문이 있으니 하나는 진여문(眞如門)이요, 하나는 생멸문(生滅門)이라 했다. 진여는 변하지 않는 청정한 마음이요, 생멸문은 변하는 마음으로 악한 마음을 뜻한다.

이렇듯 산중에서 도를 닦는 수행자는 도의 분상에서 살얼음을 걷듯 자신을 관조한다면, 세간에 사는 속인은 이것이 전부고 저것이 최상이다 하면서 서로가 다툰다. 무엇이 최상이며 무엇이 전부인가. 세상을 살

만큼 살다보면 무엇이 최상인 것도, 무엇이 전부인 것도 없음을 깨닫게 된다.

그러므로 고승들은 법문(法門)에서 방하착(放下著)이라는 말을 자주 한다. 모든 집착을 내려놓는다는 말이다. 세상을 살아가는 데 있어 모든 고통의 원인은 집착에서부터 비롯하기 때문이다.

이번 책은 일간지 경상매일신문 칼럼란에 [산방한담(山房閑談)]이라는 방을 두고 2년간 연재했던 글과, 현재도 이어지는 경기데일리 칼럼 [오늘의 법문(法門)]을 에세이 형식으로 연재해 오던 것을 정리해 출간을 기획하게 되었다. 강호제현들의 일독을 권하며, 아울러 질책을 마다하지 않음을 밝혀 둔다.

포항 일파재에서 제운 합장

목차

2부 집착으로부터 해방

3부 정진(精進)

4부 내일을 위한 반조

1부 인생의 나래

선악의 경계를 넘어서라

인생의 정의는 무엇인가

초생세상약등풍 初生世上若燈風
불식로난만사통 不識勞難萬事通
출사미래지고락 出死未來知苦樂
자신정립한임종 自身正立恨臨終

처음 세상에 나올 때면 바람에 등불과 같아
어려움은 모르고 모든 것이 되는 것처럼 여기다
나고 죽음 미래와 고락을 알 쯤에
자신을 바로 세우려 하지만 임종이 한스럽네.

가끔 삶이 힘들 때나 사회적 혼란이 가중될 때면 인생의 정의가 무엇
인가 하는 생각을 하게 한다. 인간의 최대 약점이라면 내일을 모른다는
데 있다. 내일을 모르기는 모든 중생이 같지 않는가, 하지만 수많은 중생
중에 지능이 충족한 동물은 사람뿐이다.

初生在上君登風
不識勞難萬事通
出死未來知苦樂
自身正立恨臨終
人生定義何
怒雲

만약 지능이 없다면 내일을 두려워하지 않을 수 있다. 나의 글에서 "이 세상에는 그 무엇도 정의할 수 없다."라고 쓴 일이 있다. 정의란 "어떤 말이나 사물의 뜻을 명백히 규정한다."라고 사전적으로 표현한다.

오늘 우리 사회는 "흐름"이 때론 정의가 된다. 어제의 정의가 오늘은 아닐 수 있다. 가난한 자는 부자가 되는 것이 정의일 수 있고, 부자는 가난을 이해하는 것보다 또 다른 부를 취하는 것이 정의일지 모른다. 이것이 중생심(衆生心)이다. 달마 혈맥론(血脈論)에 의하면 어리석으면 중생이요, 깨달으면 부처다.(迷則衆生悟則佛) 했다.

결과적으로 정의도 인간의 마음에 있다. 마음이 없으면 모든 것이 없다. 마음을 어디에 두느냐에 따라 정의가 되고 비정의가 된다. 예전에는 인류가 가난했다. 중국의 고승 덕산(德山) 스님은 주금강(周金剛)이라 불릴 정도로 『금강경』의 대가다. 하루는 길을 걷다 점심 때가 되어 배가 고팠다. 마침 길에서 떡을 파는 노파를 보고 "떡을 좀 주시오." 하니 노파가 스님에게 말하기를 "스님이 메고 있는 것이 무엇이오?" 했다. 덕산 스님은 곧장 말하길 "금강경 주석서요." 하니 노파가 다시 말을 건네는데, "금강경에 과거심불가득(過去心不可得) 현재심불가득(現在心不可得) 미래심불가득(未來心不可得)이라 했는데 스님께서는 어떤 마음에서 점(點心)을 찍으려 하오?" 하니 주금강이라 불리던 덕산 스님이 말문이 막혔다. 그도 그럴 것이 과거의 마음은 이미 지나가 버렸고, 현재의 마음도 잠시도 머물지 않고 지나가고 미래의 마음은 아직 오지 않았으니…

덕산 스님이 대답하지 못하고 잠시 침묵이 흐르자 노파가 손으로 용담(龍潭)을 가리키며 숭신 선사(崇信禪師)를 찾아보라 했다. 덕산 스님은 곧장 그곳으로 달려가 숭신 선사에게 법거량(法去量. 공부를 가늠하는 것)을 하고 뒤에 깨닫게 되었다.

도의 분상에서 정의는 바로 깨달음이다. 부처님 당시에 빈자일등(貧者一燈. 가난한 사람의 등)에 대한 이야기가 있다. 난타라는 아주 가난한 여인이 부처님이 계시는 기원정사에 가서 자신의 머리카락을 잘라 판 돈과 구걸을 해서 번 돈을 내어서 하루 밤을 밝힐 기름을 샀다. 밤이 지나고 먼동이 틀 때 크고 화려한 등은 모두 꺼졌지만 가난한 여인 난타의 등은 꺼지지 않았다.

부처님께서 말씀하시길

"너희는 그 등불을 절대 끌 수 없다. 비록 네가 바닷물을 퍼붓거나 태풍을 휘몰아친다 해도 끌 수 없다. 왜냐면 그 등불을 보시한 여인은 자신의 전 재산과 마음을 바쳐 일체중생을 구하겠다는 큰 발원을 세웠기 때문이다." 했다.

이 가난한 여인 난타의 정의는 부처님을 만난 것이 아닐까?

오늘 우리의 삶은 참으로 힘들다. 만약 부처님 같은 거룩한 성자가 나타나 가엾은 중생에게 자비를 보이신다면 인생의 정의를 얻었다 하겠지만 오늘처럼 이기심이 충만하고 사회는 급변해서 자고 나면 세상이 달라지는 환경에서 무엇을 두고 인생의 정의를 내세울 수 있을까?

인생은 정도(正道)다

인생여벌랑 人生如筏浪
낙진허무상 樂盡虛無常
약불행심정 若不行心正
사하면견왕 死何面見王

인생이란 물위에 떠있는 뗏목 같아서
즐김이 다하면 무상하고 허무해져
만약 바른 마음으로 행하지 않으면
죽어서 무슨 낯으로 염라왕을 대하리.

사람들이 인생을 두고 "한바탕 봄날 꿈같다"라고 표현한다. 봄은 한 해가 시작이 되는 절기면서 나른한 계절이다. 그래서 쉽게 졸음이 온다. 졸음이 오면 꿈을 꾸게 되는데 그 시간이 길지 않다. 그러므로 인생은 짧다는 뜻을 가지고 있다. 인생이 짧다고 하는 또 다른 의미를 든다면 내일

人生如筏浪
樂盡塵無常
若不行心正
死何面見王
人生正道

戊戌立夏 堤雲

20

을 보장받을 수 없기 때문에 늘 미래에 대한 불안감을 떨치지 못하는 삶이기도 하다.

나의 작품에 배나 뗏목이 많이 등장한다. 배나 뗏목은 반드시 출렁이는 물결과 함께한다. 물결이란 늘 출렁이기에 세상에 비유할 수 있고, 배는 그 위에서 어떻게 변화할지 모르기 때문에 운명으로 표현했다.

증자(曾子. 공자의 제자)가 말하기를 "사람이 임종(臨終)에 이르면 거짓이 없고 진실되며, 새가 죽을 때가 되면 그 소리가 구슬프다." 했다. 중국 청나라 세 번째 황제 순치(順治)는 그의 출가 '시'에 "내가 산하대지 모두 얻어 주인이 되었지만/나라 근심 백성 걱정에 괴로워했다/인생 일생 365일/승가의 한가한 반나절보다 못하구나.(朕乃大地山河主 憂國憂民事轉煩 百年三萬六千日 不及僧家半日閑)" 했다.

또한 중국의 여걸이자 최초 여황제까지 오른 측천무후(則天武后624~705)는 죽을 때 자신이 머리를 깎고 자신의 관 속에 스님들이 입는 법의를 넣게 했다. 이것은 죽음이라는 그 시점에 와서야 비로소 자신을 제대로 돌아본다는 의미를 부여할 수 있지 않을까 한다.

즐거움이라는 것도 돌아보면 별 기억이 안 난다. 『치문』(緇門)에 보면 "한때의 즐거움이 언제 고통의 원인이 될지 알지 못한다." 했다. 오늘 같은 혼돈의 세상에 자신을 잃어버리고 세월만 흘러 늦은 후회를 하는 일들이 미디어를 통해 우리는 알 수 있다.

부처님께서는 크게 깨달은 후 교진여 등 5비구를 상대로 처음 설법하시기를 "괴로움은 집착(執着)에서 나오나니 집착을 없애는 길은 8가지 정도(八正道)를 말씀하셨다. 사물을 대할 때 바르게 보고/사물을 봄에 바르게 판단해야 하며/바른 말을 해야 하며/ 바른 행동을 해야 한다는 등을 말씀하셨다.

보라! 여기 재미있는 이야기가 있다. 중국의 도림(道林) 선사는 늘 나무에서 새집처럼 꾸며 수행하는 고승이다. 한 날 당대 대시인 백거이(白居易)가 항주자사로 부임하여 도림 선사를 찾아 묻기를, 어떤 것이 불법의 대의 입니까? 하니 "모든 나쁜 짓 하지 말고 좋은 일 많이 하는 것이네"(諸惡莫作 衆善奉行) 하였다. 이 말을 들은 백거이가 그런 말은 세 살 먹은 어린아이도 안다고 말하니. 도림 선사가 말하길 "세 살 먹은 어린아이도 말할 수 있으나, 팔십 노인도 행하긴 어렵다." 하니 이 말에 백거이가 크게 부끄러워했다고 한다.

행복한 자신을 위해

진로난형진 **塵勞難逈眞**
일각휴번진 **一覺休煩振**
뇌탈세평견 **惱脫世平見**
이군혜복신 **已君兮福身**

티끌 세상을 멀리하기는 참으로 어렵다
한 생각을 쉬어 고뇌를 떨쳐내면
세상은 평화롭게 보이고
그대는 이미 행복한 사람.

티끌 세상을 살아가기는 쉽지 않다. 어떻게 해야 이 힘든 세상의 다리를 건널 수 있을까? 이것은 인간의 역사가 시작되면서 수없이 되묻는 화두(話頭)다.

이 '시'에서 힘든 세상을 이겨내는 데는 한 생각 쉬면 고뇌를 떨칠 수

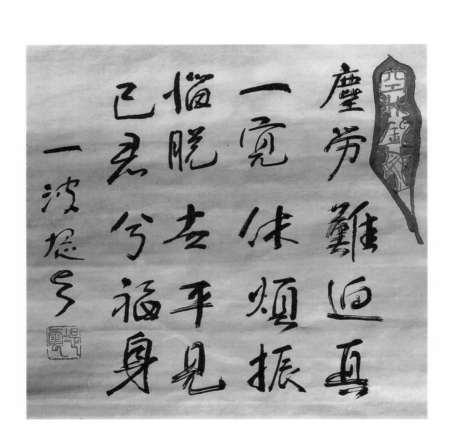

塵勞難逼真
一寬休煩振
惱脫去平見
已君兮福身
一波惹多

있다고 했다. 마치 맑은 물을 얻기 위해 흙탕물을 퍼내는 방법도 있지만 그것보다도 가만히 가라앉히는 자연정화수가 있다. 이것이 한 생각 쉬는 것이다.

인간은 번민이 많은 동물이다. 괴로워하고 슬퍼하고 걱정하는 생각이 있기 때문이다. 생각은 지혜가 되지만 자칫 인간의 본능에서 비롯하는 악한 생각도 일으키는 것이 인간이다. 『대승기신론』(大乘起信論)의 원효(元曉) 스님 별기에 일심이문(一心二門)이 있다. 한 마음에 두 개의 문이 있다는 말이다. 두 개의 문 중 하나는 청정한 마음이요, 하나는 분별하는 마음이다. 청정한 마음은 일체의 더러움이 없는 깨끗한 마음이고, 분별하는 마음은 좋다 나쁘다 구분하면서 악한 마음을 일으킬 수 있는 마음을 말한다.

이렇듯 인간은 태어나서 걸음마를 통해 세상을 접하고 눈을 통해 세상을 인식하면서 성장한다. 인식하는 시기가 3살 정도면 가능하다 한다. 다만 어느 정도 세상을 인식하지만 판별하는 능력이 부족하다. 이것이 칼에 묻은 꿀에 입을 댈 수 있는 것과 같다.

세상을 알고 세상을 인식하고 판별하는 능력은 사춘기인데 사춘기도 완전한 판단은 어렵다. 인간이 위대하면서도 불행한 것은 나이가 들면 들수록 세상을 판별하는 능력은 커지지만 몸이 따르지 못한다는 사실이다.

생각하면 인간의 모습이 아름다운 만큼 인간은 사치한 동물인지도 모른다. 좋은 환경에서는 잘 적응하지만 환경이 맞지 않으면 생명이 위태한 것도 인간이다. 문제는 좋은 환경과 나쁜 환경도 인식에서 많이 만들어진다.

그러므로 인간은 자아(自我)를 찾으려고 애를 쓰는지도 모른다. 자아란 곧 자신으로 자신을 바로 보느냐 하는 문제이다. 이것은 동서고금을 막론하고 하나의 문제를 공유하는 정도이지 해답을 찾긴 어렵다. 이 해답을 바로 찾은 분이라면 2500여 년 전 인도의 성인 석가모니와 다르지 않다.

인간을 불교에서는 오온(五蘊)이라 한다. 오온이란 다섯 가지 쌓임을 뜻하는 것으로 색수상행식(色受想行識)을 말한다. 그러나 이것도 피상적일 뿐 그것이 완전한 인간이다 판단할 수는 없다. 마치 외과의사가 바라보는 인간의 가치와, 내과의사가 바라보는 인간의 가치, 심리학자가 보는 가치가 다른 것처럼 인간을 두고 이것이다 저것이다 판단은 어렵다.

그러나 티끌 세상 자신을 늘 살피면서 살아간다면 그는 행복을 만드는 공장을 가진 사람이라 할 것이며, 이것이 자아실현(自我實現)이다.

한파에 대해 반조(反照)한다

한파빙세고난민 **寒波氷世苦難民**
성주괴공차법순 **成住壞空此法巡**
행복인간종자력 **幸福人間從自力**
관천무욕활인륜 **觀天無慾活人倫**

한파가 세상을 얼리니 백성은 고난하고
이루고 머물다 무너지고 공한 것이 순환 법칙인 것을
인간의 행복은 스스로의 노력에 있고
하늘을 보고 무욕으로 사람답게 살지니라.

아! 올겨울처럼 추위가 있었을까? 이런 추위는 나의 기억으로는 몇십 년 만에 한 번 오기 어려운 추위가 아닐까? 이런 맹추위가 엄습할 때 더욱 괴로운 이는 첫째는 어렵게 사는 사람이고, 둘째는 늙고 병든 사람이라 할 수 있다.

寒波返照

寒波冰去苦難民
成住壞空此法巡
幸福人間從自力
觀天無懲治人倫

戊戌年立春前三日

一波垞丙戌

현재의 형태는 모두 자연의 조화라고 아니할 수 없다. 자연의 순리는 차면 기우는 것과 같다. 우리들이 다 아는 온난화의 원인이 북극의 얼음을 지키지 못했고 그런 환경이 자연의 변화를 심화시키지 않았나 하는 생각을 한다.

열기가 지나쳐 북극의 얼음을 녹이면 그 차가운 기운이 어디 가겠는가? 에너지 불변의 원칙이 그러하듯 마치 풍선의 효과처럼 한 쪽이 기울면 기운만큼 상대는 그 값을 하게 된다. 이것이 자연의 법칙이다.

불과 반세기도 안 된 그 시절의 인구가 지금과는 많은 차이가 났다. 그것을 짐작해 보면 지금의 높은 인구밀도와 자연을 역행하는 산업사회가 발달하면 그다음은 짐작할 수 있는 것이, 차면 기울고 넘치듯 자연이 인간세상의 평정을 가지도록 변화한다는 사실이다. 이것이 불교에서 말하는 성주괴공(成住壞空) 법칙이다.

생각해 보라, 바람이 무섭지만 바람이 없으면 되겠으며, 물이 무섭지만 물이 없으면 살아갈 수 있겠는가? 어찌 보면 모두가 필요악일 수도 있지만 자연은 우리에게 그냥 행복을 주지는 않는다는 말이다. 아무리 땅 크고 넓어도 농사하지 않으면 곡식을 얻을 수 없는 것과 같다.

우리는 지금 과학이 발달하고 인간의 실생활이 좋아졌다고 여기며 살겠지만 문명이 깨이고 물질이 풍요하다 해서 무조건 행복하다 할 수는 없다. 지금은 모든 것이 순간순간 변화해서 잠시도 머뭇거리고 살 수 없는 세상을 살아가고 있는 현실이다.

요 얼마 전 큰불이 나서 많은 인명이 피해를 입었다. 이런 현상이 자연의 순환법칙에 의한 한파가 그렇게 만들었다고 본다. 이번에 일어난 일련의 화재를 보면 모두 전기 과열로 인해 일어난 일이라고 볼 때 만약 한파가 없었다면 이런 일도 일어나지 않을 수 있다.

생각하면 모두가 인간의 과욕에서 인간들이 자초한 고통이고 그것을 함께 공유해야 하는 비극이 우리 모두에게 슬픔으로 다가온다.

나는 이 시에 하늘을 인용했다. 인간이 아무리 욕심을 내고 높이 오르려 해도 하늘에 닿지는 못한다. 인간을 내려다 볼 수 있는 것은 오직 하늘뿐이다. 내가 갑자기 하늘 이야기를 하는 까닭은 인간이 자연으로 돌아가자 하는 마음에서다. 자연은 우리들 인간에게 평등하게 살아가도록 넓은 땅과 바다를 주었다. 그것이면 충분히 인간답게 살 수 있도록 말이다. 그런데 인간은 부족함을 느낀다. 채워도, 채워도 다 채우지 못하는 것이 인간의 욕심이다.

심사(心思)

과춘개미화 **過春開未花**
아모거부차 **我母去夫嗟**
어차피류월 **於此彼流月**
청심호운가 **清心好運加**

봄이 지나가지만 아직 꽃은 보이고
울 엄마 집나간 지아비 탄식하네
어차피 세월은 흐르는 것
마음 맑히면 좋은 기운 더하리.

계절은 시간이요 그것은 덧없음이다. 덧없음이 덧없음으로만 끝나지
않고 희망이 있음을 '아직 꽃은 보이고'(開未花)다. 울 엄마 집나간 탄식은
여성으로 엄마로서 잃어버린 자신에 대한 안타까움인지도 모른다.
덧없는 세월, 생각 생각 머물지 못하고(念念不定) 명도 연장할 수 없고

31

過專開求好
我母去夫嗒
於沙絞流月
清心好運加
心恩

辛丑年春四月彌陀日　提西口

32

(命不可延) 때도 기다려주지 않는다.(時不可待) 이것이 세월인데 마음 한번 바로 세우면 인생은 행복해질 수 있다.(好運加)

인간은 생명체로서는 가장 수승하고 완전하다 할지라도 불교의 시각으로 보면 미완의 중생일 뿐이다. 윤회(輪廻)하기 때문이다. 불생불멸(不生不滅) 열반(Nirvana)이다. 그렇게 보면 우리가 추구하고 얻으려 하는 그것이 완전하다고 하긴 어렵다. 완전하다 아니다라는 것은 시각의 단면일 뿐이다. 인간이 제아무리 잘 달린다 하여도 들에서 노는 짐승들에 비하면 족탈불급(足脫不及)이요, 인간의 몸이 아무리 민첩하다 해도 나는 새의 시각에선 웃음거리밖에 안 된다.

인간은 누구나 세월을 비껴갈 수 없어 나이를 먹는다. 나이를 먹고 보면 아직도 최고의 순간을 가지지 못했다는 생각을 할 수 있다. 최고의 순간도 최저의 순간도 판단에 따라 이해될 뿐이다. 달리 말하면 인생을 살 만큼 살았다 해도 부족하고 아쉬워하고 껄떡이게 된다. 분명한 것은 그것을 정의하기 어렵다는 것이다. 비유하자면 장님이 코끼리를 만지며 제각기 달리 판단한다는 것과 같다.

요즘같이 다사다난하고 변화무쌍한 일이 있었을까 하는 생각을 해볼 수 있다. 하지만 과거는 과거대로 변화무쌍했고 현재는 현재대로 변화무쌍하다. 그것은 변화한 것 같지만 무엇도 변화하지 않았다. 변화했다면 비유로 하나의 재료를 보다 다양하게 요리를 해먹는 정도다. 생각해 보라, 신라시대 사람들이 요즘 사람과 무엇이 다른가? 만약 신라인이 지금의 경주에 왔다면 현재로 살 것이요, 현대인이 과거로 돌아가면 과거로 살게 된다.

이 모든 것은 심사(心思)에 있다. 현재를 살아가더라도 심사를 과거에 두면 그는 과거인이요, 과거인일지라도 현재에 심사를 두면 그는 현대인이다. 쇠붙이가 하늘을 난다 해서 세상이 변했다 보지 않는다. 인간은 과거나 지금이나 하나도 변하지 않았다. 지금도 나라마다 내려오는 관습에 따라 음식을 손으로 먹기도 수저로 먹기도 한다. 이렇게 먹든 저렇게 먹든 다 같은 인간이다. 문제는 가치를 어디에 두느냐 그것이 문제다.

스스로 이만하면 됐다는 판단을 해서 행동하다 큰코 다치는 일이 있고 이만큼이면 충분하다고 여기다 예상치 못한 일로 어려움에 처하기도 한다. 그러므로 다 가지려거나 다 채우려거나 다 됐다는 생각은 금물일 수 있다.

알다시피 우리 사회는 스스로가 남보다 우월하다고 여겨 우쭐대다 망신을 당하거나 높은 지위를 얻었다고 남을 업신여기다 스스로 무너지는 경우도 많다. 그러므로 인간은 가치가 미덕이라 할 수 있지만 이 또한 심사에 달렸다. 가슴속에 열정이 많은 사람은 희망이 크고, 가슴속에 즐거움이 많은 사람은 행복한 사람이다. 반대로 가슴에 슬픔을 쌓아 둔 사람은 불행한 사람이다. 또 달리 가슴에 욕심이 채워져 있으면 늘 껄떡이지만 가슴을 텅 비운 사람은 어떤 환경에 처해도 거리낌이 없다. 『육조단경』(六祖壇經)에 불사선불사악(不思善不思惡)이라는 말이 나온다. "선도 악도 생각지 말라."는 말로서 육조 대사가 5조 홍인으로부터 법을 받아 그 신위로 발우와 가사(스님들 공양 그릇과 法衣)를 가지고 멀리 도망치다 그를 쫓아와 뺏으려는 반대쪽 스님들에게 발우와 가사를 놓아버리고 내뱉은 말이다.

세상에는 절대치는 없다. 그러하기에 무엇을 어떻게 정의하느냐에 있다. 선이다 악이다 하는 이분법에 빠지기보다는 선악(善惡)이라는 개념에서 벗어남은 어떨까?

봄바람(春風)

와성괄괄력농경 蛙醒活活力農耕
산야여신의전병 山野如新衣戰兵
약유자비동여중 若有慈悲同與衆
연화처처보종횡 蓮花處處步縱橫

개구리 깬 물소리 우렁찬데 농부는 밭을 갈고
산과 들은 전병들이 새 옷으로 단장했네.
만약 중생들에게 자비가 넘쳐난다면
연꽃 핀 곳곳으로 활보하리라.

봄이 왔다. 봄바람이 불고 봄 소리도 들린다. 봄은 약동하는 계절이다.
영어로는 spring이라 쓴다. 스프링은 용수철의 뜻으로 탄력이 있는 계절
을 뜻한다.

봄에 부는 바람과 비는 식물의 뿌리를 튼튼히 해서 식물을 성장하게

蛙醒活々力曲農耕
山野如新衣戰兵
荒有慈悲同共衆
蓬花雲々步縱橫

春風 己亥年春日 然書

37

한다. 이토록 자연적으로 시작을 알리지만 우리네 인생도 새롭게 시작하는 계절이다. 동토(凍土)에 묶였던 겨울이 가고 다시 새롭게 맞이하는 계절이 봄이다. 얼어붙었던 산 개울이 녹으면서 물소리 힘차게 들리고 그 물소리 따라 농부는 밭을 갈고 씨를 뿌린다.

산과 들은 희망찬 초록의 새 옷으로 단장을 한다. 마치 새 갑옷을 입고 사기가 충천해 전장에 나가는 병사에 비유했다.

봄은 이렇게 우리에게 성큼 다가왔지만 봄을 맞이할 준비가 되지 못하는 사람들도 우리 주변에는 많이 있다. 요즘같이 수시로 제도가 바뀌고 변화하는 세상에 적응하지 못하고 낙오가 되는 사람도 적지 않다.

인간이란 고도의 지능을 갖추고 세상에 출현했다. 누구도 인격에 차이가 있을 수 없다. 우리들 주변에서 알 수 있듯이 못생겼다고, 장애자라고 세상에 낙오자가 되는 것은 아니다. 마치 장애는 불편할 뿐이지 같은 사람으로 대해주길 바라는 것과 같다. 다만 농부가 봄이 와도 밭을 갈지 않고 씨를 뿌리지 않는다면 결실은 없다.

분명히 인간 사회는 차별이 없어야 하고 차별이 있어서도 안 된다. 여기서 석가모니는 모든 중생이 불성이 있다(一切衆生實有佛性)라고 보기 때문에 차별이 없다고 본다. 여기에 중국 선종사의 꽃을 피운 임제(臨濟)스님도 "차별 없는 참사람"(無位眞人)을 말했다.

생각해 보라, 인간을 제외한 모든 동물들이 사람과 같은 지능이나 행동을 따라할 수 있겠는가? 사람은 소중하다. 소중하기에 좀 부족해 보일 수는 있을지라도 사람이 사람을 억누르거나 무시해서는 안 된다. 불가에서는 사람 몸을 받기 어렵다 한다. 석가모니 부처님도 전생 500세의 선근인연(善根因緣)이 있어 부처가 될 수 있었던 것처럼…

오늘 우리 사회의 일부 지각없는 사람들이 스스로 위대한 사람이라도 되듯, 착각을 일으켜 사회에 물의를 일으키는 일이 왕왕 있다. 불교는 자비의 기치를 내세운다. 자비란 단순한 사랑을 넘어선다. 자(慈)가 사랑이라면, 비(悲)는 슬픔이다. 즉 사랑을 주면서도 슬픔도 함께한다는 뜻이된다. 이것을 잘 보여 주는 것이 관세음보살은 서원에서 "고통을 덜어주고 낙을 준다."(拔苦與樂) 했다.

인간의 가치는 절대로 홀로에서 나올 수 없기에 함께해야 한다. 이 함께하는 진정성이 보살Bodhisattva의 동사섭(同事攝)이다. 동사섭이란 그들의 어려운 일을 함께 나눈다는 뜻이다. 그런 가치가 몸에 배여 있는 사람이라면 가는 곳 머무는 곳마다, 마치 더러운 곳에서도 오염되지 않는 연꽃처럼 살아갈 것이고 종횡에 걸림 없는 자유자재한 삶이 될 것을 확신한다.

가을 산천을 바라보며

만목홍산몰운현 **滿目紅山沒韻絃**
민심소분기충천 **民心所憤氣衝天**
삼간비실제운식 **三間卑室堤雲息**
명월청풍부자연 **明月淸風不自然**

붉은 산은 눈에 가득한데 운 가락이 없어
성난 민심은 거리에서 하늘을 찌르고
누추한 세 칸 집은 제운의 안식처요
명월청풍이 그 답지 않구려.

계절이 계절인 만큼 산천은 온갖 색깔로 곱게 단장을 했다. 어찌 붉은
단풍뿐이랴. 산등성이에 부는 바람에 억새가 출렁이고 산을 찾은 연인
들은 서로 부둥켜안은 채 춤을 추는가 하면 들녘은 황금빛으로 농부의
땀을 씻어주니 참 좋은 계절 아닌가?

満目紅山没頽綠
民心所憤氣衝天
三句卑宝提兩心息
明月清風不自然

己亥年 秋 挺雨

41

하지만 시류가 좋지 않으니 마치 빛 좋은 개살구같이 여겨진다. 거리엔 성난 민심이 "구속하라, 바꾸라, 끌어내려라!"라는 구호가 하늘을 찌르듯이 그렇게 혼란할 수 없다. 여기 중국의 한 고승(神贊)의 일화다.

"법당은 좋고 좋은데 부처가 영험이 없네."(好好法堂 而不佛靈) 이 말은 신찬(神贊)이라는 상좌스님이 목욕탕에서 스승인 계현(戒賢)의 등을 밀다가 한 말이다. 등판은 좋은데 든 것이 없다는 것을 빗댄 말이다. 그 말을 들은 스승이 기분이 좋지 않았다. 그래서 찌푸린 얼굴로 상좌를 쳐다보는데 다시 상좌가 말한다. "부처가 영험이 없는 것 같으나 방광은 하는구나."(不雖佛靈 也能放光) 했다.

그런 일이 있은 후 얼마 안 지나 스승 계현이 창문에 앉아 경을 보고 있을 때 상좌가 말하길 "열린 문을 놔두고 창에 부딪히니 어리석구나. 백 년 묵은 종이를 뚫으려 하지만 어느 세월에 기약하리오."(空門不肯出 投窗也大痴 百年鑽古紙 何日出頭期) 이 말 또한 상좌가 스승을 빗댄 말로서 비록 스승이라지만 아직 공부가 멀었으니 좀 더 공부를 하라는 말로 스승 계현이 상좌의 공부가 수승하다는 것을 알고서 법상을 차려 제자 앞에서 법문을 듣게 되었다.

불가에서는 오직 깨달음뿐이다.(釋氏之門以悟爲則) 깨닫지 못하면 아무리 오래 수행을 했어도 별로 인정받지 못한다. 가령 20살의 젊은 스님일지라도 그가 깨달았다면 바로 상석에 앉고 지위도 방장 조실의 위치가 된다.

오늘 이 정부는 앞서 제자와 스승의 위치가 바뀌게 되었듯이 그간 지난 정부를 적폐청산으로 몰아갔지만 시간이 지나고 보니 지난 정부보다 못함이, 깨닫지 못한 사람이 스승 노릇을 하다가 끝내 제자에게 그 자리를 내주고야마는 그런 현상이 지금 도래하고 있다. 세상에는 "내로남불이니 조국스럽다는 말이 유행하고 있지만 정부나 여당은 세상의 민심을 귀 닫고 눈감은 채 백색집회를 통해 그 자리를 지키겠다는 것들이 얼마나 한심한지 모른다.

그동안 세상에 알려진 의혹만 가지고도 석고대죄를 청해야 함에도 온갖 혀의 놀림으로 그것을 무력화하려 한다. 검찰개혁을 왜 외치는지 도무지 이해할 수 없다. 지금도 고치고 있고 또한 고쳐나가면 될 것을 굳이 다수 국민들이 우려하는 옥상옥과 같은 공수처가 필요한가?

법무장관 자리가 고위 공직 자리임에도 그에 따른 수사를 방해하는 현 정부가 공수처를 만들어서 뭐 어찌겠단 말인가? 그렇게 여론을 내세우는 정부가 자신들의 불리한 여론은 왜 무시하는지 이 또한 괴이한 일이다 하지 않을 수 없다.

모든 일에 있어 그 진정성을 인정받으려면 자신들부터 솔선수범해야 하거늘 자신들의 죄가 만천하에 드러나면 그것은 아니라고 잡아떼고 비켜나가려 하니 이 또한 소가 웃을 일이다. 현재 여당 의원들 중에서도 이것은 정의가 아니다라는 생각에, 내년 총선을 앞둔 이 시점에 오죽하면 공수처 설치 반대를 외칠까?

본분을 바로 보라

세상번진 世上煩塵
청산위론 靑山謂論
백운무주 白雲無住
내수면민 來睡眠泯
기아개구 飢餓開口
현상월인 顯常越因
정관본분 正觀本分
입처개진 立處皆眞

세상이 힘들고 혼탁하니
푸른 산과 말을 나누고
머묾 없는 흰 구름 되어
잠 오면 잠 자고
주리면 먹고

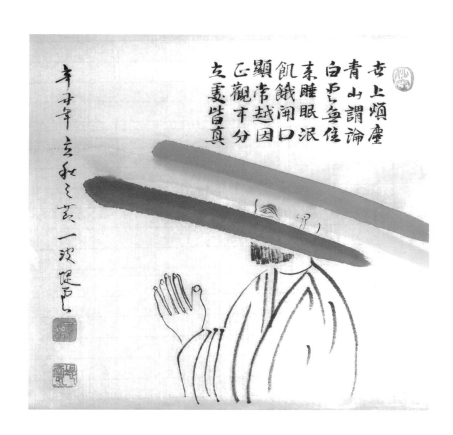

古上煩塵
青山謂論
白雲色無住
素睡眠泯
飢餓闹口
顯常越因
正觀中分
去妻皆真

辛丑年春秋之芝一玫延石

현상(드러난 일상)**의 경계 넘어**
바로 본분을 보면
선 그 자리가 다 참되다네.

요즘 뉴스를 대하기가 겁이 날 정도다. 오늘은 무슨 일이 일어날까 하는 조바심으로 뉴스를 대한다. 생각하기에 따라 다를 수 있지만 '요즘 참 살기 좋은 세상이다'라고 말하는 사람이 있는가 하면 '세상이 너무 각박하다'라고 여기는 사람도 있다.

세상의 기준이 어디 있겠나, 내가 행복하면 세상도 행복하고 내가 불행하면 세상도 불행하다. 세상의 평가는 오직 나로부터 나온다. 이것을 자칫 이기주의라고 한다면 그것은 잘못이다. 세상이 존재하게 된 까닭이 나로부터 나오기 때문이다. 내가 없는 세상은 세상이 아니다. 아니 없다고 해야 맞다.

석가모니 부처님이 세상에 나와 인도 땅 룸비니동산에 처음 발을 내딛고 "하는 위 하늘 아래 오직 나 홀로 높아라."(天上天下唯我獨尊) 했다. 이 말을 듣고 너무 독선적이라 하는 생각을 일으킬 것 같아 여러 사족을 달거나 본뜻과 다른 해석을 내세우기도 한다. 하지만 나는 그렇게 생각하지 않는다. 보다 정확히 이해하자면 하늘 위, 하늘 아래 스스로의 존재가치를 귀중하게 여긴 말이라 하겠다.

다만 세상은 잠시도 쉬지 않고 변화 변천하는데 언제나 그 자리(不動)

를 지키는 청산은 우리를 속이지 않을 만큼 듬직하다. 이러한 청산에 내 마음을 전하고 토로하는지 모른다. 그것이 머문바 없는 흰 구름처럼 그렇게…

이쯤 되면 한 경지 쉰지도 모른다. 잠 오면 잠자고 배고프면 밥 먹고 다만 일상에 드러나는 현상에 빠지거나 착각하지 말아야 한다. 그것이 마치 물이 흘러가듯 그렇게 되어야 한다. 물은 어떤 환경에 처하든 스스로 평정을 유지할 뿐 아니라 낮은 데로 임하면서 그 환경과 하나가 된다. 이것을 바로 아는 것이 본분사요 그렇게 되었을 때 진상(眞常)이 펼쳐진다. 마치 구름 걷힌 산 모습이 적나라(赤裸裸)하게 드러나는 것과 같다. 이것이 시간과 공간에 끌려가지 않는 입처개진(立處皆眞)이다. 입처개진을 좀더 이해하자면 어떤 환경에 이르렀을 때 요철(凹凸)처럼 드러나거나 감춰져 있거나, 또는 청황적백의 모습 그 자체쯤이 되리라. 그래도 이해가 되지 않으면 더하지도 덜하지도 않는(不增不減)이요, 더럽지도 깨끗하지도 않은(不垢不淨)이니라.

*青山, 白雲 : 절의 큰방 가운데 좌편으로 청산 글이 붙여져 있고 옆에 백운이 붙여져 있다. 이에 참 재미있는 이야기가 있다. 청산은 부동이라 주인이 앉고, 백운은 실체 없이 떠돌기에 나그네가 앉아야 하지만 큰 사찰에서 수행을 하지 않은 사람은 자리를 찾지 못해 아무렇게나 앉아 실소 아닌 실소를 자아낸다.

어느 봄날에

야심무도군 夜深無到君
만경천산적 萬徑千山寂
송월수심근 松月愁心斤
소번망오온 消煩忘五蘊

밤은 깊은데 기다리는 임 오지 않고
만경천산도 고요하기만 하는데
솔에 걸린 달에 근심을 베니
번뇌는 사라지고 오온마저 잊어서라.

　밤이 깊다는 말과 기다리는 임을 은어로 보면 시간이 흐르고 몸은 점점 쇠약한데 수양인으로 그렇게 갈구하는 그것을 얻지 못하는 아쉬움으로 볼 수 있지만, 글자대로 보면 누군가를 기다리지만 밤이 깊도록 그는 오지 않는데 천산도 고요하고 만경(모든 길)도 사람 자취 끊어져 적막한데

夜深無到君
萬徑千山寂
松月愁心斤
消煩忘五蘊
至其何日
己亥春黃
一波總言

49

솔에 걸린 둥근 달이 어둠에 등불이 되니 잠시나마 임을 기다리는 애타는 마음을 진정시킬 수 있다. 그것이 번민을 없애고 오온마저 잊게 한다. 오온이란, 불교에서 보는 인간의 구성요소 5가지(色受想行識)다. 이런 현상을 무아지경(無我之境)으로 봐도 좋다.

요즘같이 소유(所有)가 넘치고 소유 간 다툼이 심할 때가 있었을까? 가진 자는 가진 대로 다투고 못 가진 자는 못 가진 대로 다투는 세상이다. 직장을 가졌다 해도 언제 해고될까 두렵고 직장을 가지지 못한 자는 못한 대로 괴롭다. 그것이 현실이고 마치 고향을 그리워하는 동물적 본능처럼 인간은 과거를 그리워하는지도 모른다.

요즘 같아선 위태한 비탈길을 걷는 것 같아서 "요즘 남자들 어깻죽지가 축 쳐져 있다"는 말을 한다. 해가 지지 않는 나라 대영제국이라 불릴 정도로 잘 사는 나라 젊은 보컬밴드 비틀즈가 1960년도 예스터데이(어제) "갑자기, 예전에 그랬던 그 남자의 절반도 안 된다."(Suddenly I'm not half the man I used to be) 이 노래가 발표된 지 59년이라는 세월이 흘렀다. 왜 이런 가사를 옮겼느냐면 half란 단어가 요즘 우리나라 젊은이들 5명 중 하나가 자살하고 싶다는 충동을 일으키는 우리 사회상과 잘 어울리는 같아서 이다.

인간이란 문명이 발달하고 물질의 풍요 속에 살지라도 이러한 환경이 지속되면 될수록 본능적으로 과거를 지향하게 된다. 홀로 맛있는 음식을 먹을 때 과거의 그리운 사람을 생각하는 것과 같다.

젊었을 때 미처 알지 못했어도 세상을 살 만큼 살다보면 알 수 있다. 있는 돈 없는 돈 다 긁어서 땅 사두고 집장만 했지만 은행 이자 갚느라 한 세상 다 보낸다. 그때는 이미 턱수염은 하얗게 물이 들은 때다.

땅도 집도 소유한다는 것이 종이 문서 한 장 소유에 지나지 않는다. 미국의 그 유명한 록펠러가 죽기 전 자신의 재산을 다 주더라도 생명 연장을 하려 했지만 끝내 죽음은 피할 수 없었다. 오늘같이 급박한 사회현상에 끌려가기보다는 한 걸음 물러서 산을 찾고 내를 찾아 자연에 자신을 계합한다면 좋지 않을까 하는 생각을 해본다. 소동파(蘇東坡, 1036~1101. 중국)는 어느 날 해 지름에 길을 걷다 산골 물소리를 들으며 이것이 부처님의 장광설(長廣舌)이다라는 생각에 한 수의 시를 남긴다. 계성편시장광설(溪聲便是長廣舌… 생략)이다.

인생의 정답은 없다. 굳이 정답을 논한다면 바로 보는 것이다. 바로 보면 모든 것이 바로 보인다. 태조 이성계가 어느 날 무학 대사와 함께 길을 걷다 무학을 돼지로 비유하니 무학 대사는 부처로 본다고 답한 것 그것이다.

세파(世波)에 대하여

세파운상상 世波云想想

하일의무위 何一意無爲

난득한단만 難得恨端萬

언무실사사 言无實事私

흔구취중고 欣求炊重苦

불소락무비 不所樂毋悲

시고망심욕 是故亡心慾

오존미만자 吾存美滿慈

힘든 세상일 상상해 봐요

무엇 하나 뜻대로 되질 않아요

얻기는 어렵고 한은 만 갈레라

이것이 세상일이라오

구함을 기뻐하면 괴로움 더하고

去没云想想
何一章無為
難浔恨端等
言会實事私
欣求樂苦
不所樂無悲
是故亡心愁
妄存美满慈

己亥年石月初
一次延久

바람 없으면 즐겁고 슬픔은 없어
그러므로 욕심내지 않으면
세상은 아름답고 자비는 충만하리라.

　세파란, 고단하고 힘든 세상을 말한다. 아기가 세상에 태어날 때 크게 울음을 터트리는 것이 어쩌면 힘든 세상살이를 예고하는지도 모른다. 일찍이 공자의 아버지 숙량흘(叔梁紇)이 64세의 나이에 아들을 얻었으니 성은 공(孔)이요, 이름은 구(丘)다. 언덕 구자다. 아마 공자의 일생이 여기에 묻어나는 듯하다. 물론 그 이름은 그의 젊은 첩이 니구산(尼丘山)에서 산신께 기도를 올려 낳았다 해서 붙였다는 말도 있지만 공자는 일생을 거의 떠돌이로 살다시피 했다. 그에 대해 사마천(司馬遷 BC 145~86)도 자신의 저서, 『사기』에서 그를 "상갓집 개다"라고 기록했을 정도다. 상갓집 개라 하면 엄청 욕 같지만 실상은 현실을 말한다. "밥 주는 사람은 있어도 돌아갈 집이 없다"는 말이다. 즉 떠돌이 신세를 말한다.

　한 시대상을 두고 사람들이 말하길 "난세 영웅 난다" 한다. 이 말에는 그만한 의미를 찾을 수 있다. 배부른 세상에 무엇이 더 필요할 것이며 소요가 없는 세상에 질서가 필요하지 않은 것처럼 말이다. 그러한 이유로 세계 문명국을 대표하는 중국을 들여다보면 지금부터 2700여 년 전 춘추전국시대부터 인문학이 발달하고 공자(BC 551~479)에서 한비자(韓非子 BC 280~233)에 이르러 성시를 이루었다고 할 수 있다.

오늘날 중국이 실용주의를 선택하기까지는 2000년이 훌쩍 넘는 시간이 흘렀다. 거슬러 올라가면 춘추전국시대 진왕(秦王 BC 259~210)이 중국역사 최초로 6국을 통일하게 된다. 이것이 세계 최대 문명국가로 도약을 하던 시기로 봐도 좋을 듯하다.

춘추전국시대 최초로 불을 지핀 사람은 공자(孔子 BC 551~479 중국 최초 민간 사상가 교육자)다. "목숨을 버려서라도 인을 지켜야 한다."는 것이 살신성인(殺身成仁)이다. 인간의 본질적 가치인 '사랑'(仁)이다. 사랑이란, 단순함을 넘어 요즘 말로 포용, 나아가 인간으로서의 도의가 있는 휴머니즘이라 할 수 있다. 그의 사상적 후계자라 할 수 있는 맹자(孟子 BC 298~238)는 "목숨을 버릴지라도 의를 따른다."(捨生取義)했다. 이 말의 의미를 보자면 인간의 가치는 정의(正義), 도의(道義), 인의(仁義)에서 나온다고 봤다. 그의 사상적 뒤를 이어 순자(荀子 BC 300~230)가 나왔는데 맹자의 성선설(性善說)을 반박하며 성악설(性惡說)을 주창한 사람이다. 성악설을 현대심리학자 프로이드 관점으로 보면 본능(本能 id가 죄악을 만든다고 본다)이다. 그는 사상적으로 예(禮)를 중히 여겼다. 예란, 분(分)으로서 귀천과 높낮이 지식인과 어리석은 사람(貴賤之等 長幼之差 知愚能不能之分)을 나누거나 구분하지 않고 인간의 도리를 주창했다. 그것이 '분'이다. 그는 전국시대 말기에 왕도에 대해 예치국가를 외쳤다.

그의 사상적 토대 위에 한비자(한비자 BC 290~233)가 인간은 삶에 있어서 사랑도 중요하고 의로움도 중요하고 예의와 분(分)도 중요하지만 인간은 사회적 동물이기에 규칙(法)이 있어야 한다 주장한다. 이것이 2000년을 홀쩍 넘도록 중국을 지배한 인의예법(仁義禮法) 사상이다. 그것이 오늘의 중국 실용주의로 발전하게 되었다.

다소 무거운 중국 고대 사상을 들고 나온 데는 오늘 우리의 삶과 과거의 삶이 결코 다르지 않으며 또한 오늘처럼 세상이 각박해서 젊은이들이 돈 30만 원을 구하려고 사채를 써서 그것이 두고두고 족쇄가 되어 살아야 하는 오늘 우리들 삶에 다소 도움이 되기를 바라는 마음에서다. 보라, 우리는 잘산다고 말한다. 그러나 현실은 무엇이 잘사는지 구분하기 어렵다. 예전에는 돈이 없으면 없는 대로 살아갈 수 있지만 오늘 우리의 삶은 그렇지 못하다.

과거 같으면 생각지 못할 매월 내어야 하는 준조세가 그것이다. 왜 준조세라 하면 우리가 쓰는 폰이 거의 의무이기 때문이다. 우리의 신상과 소통이 모두 이것을 통해 사용하기 때문이다. 그러므로 이건 쓰지 않으려 한다 해서 안 쓸 수 없는 도구이기에 준조세라 말을 한다. 우리는 이런 사회를 살아가고 있다.

다만 한 시대는 그냥 물 흐르듯 흘러가지만 그 물 흐름을 잘 파악하고 산다면 인생은 살 만한 가치가 있고, 그렇지 못하면 인생의 낙오자가 될 수 있기 때문이다. 좋은 환경에서는 좋은 인재가 나오기 어려운 것과 같다. 극복하는 데서 가능할 뿐이다. 공자가 그의 이름대로 언덕을 넘어섰기에 그는 역사에서 성인으로 지칭될 수 있었는지도 모른다. 나는 나의 글에 '역사의 피드백'이라는 말을 자주 옮긴다. 역사는 거울이다. 역사를 보면서 현재를 사는 사람은 성공한 삶을 살아가지만 역사를 모르고 산 다면 그는 시대의 낙오자가 된다.

세상은 극복하는 곳이다. 극복하지 않는 삶은 아무런 의미가 없다. 석 가모니가 왕도를 극복했고 자신마저 극복했기 때문에 오늘날 그는 성인 으로 추앙되었으며, 예수도 자신을 민중을 위해 던졌기 때문이다. 근대 인도가 낳은 '위대한 영혼'으로 불리는 마하트마 간디(Mahatma Gandhi)도 좋은 환경에서 영국 유학생, 나아가 변호사의 위치였지만 그는 나라와 국민을 위해 자신을 버렸기에 오늘날 위대한 혁명의 아버지로 남게 되 었다.

오늘 우리의 환경도 많은 어려움이 따른다. 정규직과 비정규직이 무 엇이기에 목숨을 잃고 목숨을 걸고 저항해야 하는지 이것이 오늘 우리 들의 삶이다. 환경이 주어지기를 바라기보다는 환경을 스스로 만들어나 가는 것이 중요하다 할 것이다. 그렇게 될 때 세상은 아름답고 살 만하다 고 여긴다.

봄의 길목에서

춘래진탈사비상 春來塵脫事非常
남북상생화해방 南北相生和解芳
파수여원한족일 波水如原韓族一
조가개화성수망 鳥歌開花姓愁忘

봄은 왔지만 고단한 삶은 그대로인데
남과 북이 서로 화해의 꽃 피우니
파도와 물이 하나이듯 민족이 하나되면
꽃피고 새 노래하는 세상 백성은 근심 잊으리.

그토록 추웠던 계절은 가고 만물이 생동하는 봄이 왔지만 봄을 실감
하지 못한다. 인간들의 해묵은 정서의 미결로 인해 전직 대통령이 검찰
에 불려가고 도백이 자리를 물리고 국회의원이 직을 내려놓는 매우 엄
중하고 혼란한 사회의 연속이 이 봄에 일어나고 있다.

喜来塵脫事非常
南北初生和解芳
浚水女原韩族、一
烏飛開花姓愁忘
戊戌春分前
一波埃雲

예전에는 "십년이면 강산이 변한다."는 말을 했다면 지금은 하루가 급변하는 시대를 산다고 본다. 왜 이리도 인간들의 삶이 급변하고 급박한지? 이런 현상을 간단히 말하자면 '한 시대상, 한 시대의 조류' 정도로 넘길 수도 있다. 하지만 본래 변해야 할 근원은 변하지 않았다. 변한 것이라면 인간들이 너무도 많이 변했다.

다행히도 남과 북의 최고 통치자가 만난다는 사실이다. 반세기를 훌쩍 넘도록 서로가 적이 되어 철조망을 치고 총구를 대고 감시하면서 내왕도 할 수 없었다.

논어에 나오는 말이다. "삼군의 원수는 뺏을 수 있어도, 필부라도 의지를 빼앗지 못한다."(三軍之帥可奪也 匹夫之意不可奪也)했다. 이 말은 인간의 의지는, 권력이나 힘으로 꺾을 수 없음을 강조한 말이다.

우리 민족은 하나의 민족이다. 반 만년 역사의 토대 위에서 면면이 이어져 왔다. 이런 민족이 어쩌다 오늘처럼 한(恨)의 민족이 되었는지…

같은 민족은 같은 혈통을 말한다. 마치 파도가 바람의 작용에 의하여 만들어졌지만 바람이 자면 본래 고요한 물로 돌아오는 것처럼 지금은 남과 북이 서로 나누어져 불신하고 등지고 있지만 이 또한 머지않아 하나로 돌아온다고 믿는다.

우리 민족은 정이 많고 영민하다. 그리고 사리에 밝은 민족이다. 다만 우리나라가 지형학적으로 볼 때 주변에 강대한 나라들이 많다. 이런 현상이 우리의 뜻과 관계없이 우리 민족을 어렵게 만들어 왔다.

만약 이번 4월에 남과 북이 만나고, 나아가 북과 미국이 만나 좋은 결과를 낳는다면 우리 민족은 환희의 비상을 꿈꿀 수 있다. 한반도(韓半島)를 세계 어느 나라도 가히 넘볼 수 없는 지상낙원으로 만들 수 있다고 본다.

그렇게 될 때, 꽃피고 새 노래하고, 백성은 근심을 던진 채 태평가를 부를 것이다. 이 얼마나 아름답고 멋진가? 나는 이 날을 손꼽아 기다린다. 아마 우리 민족 그 누구도 이 기쁨을 외면하지 않을 것이다.

그간 서로가 대치한 수많은 살상무기를 녹여 쟁기를 만들고 역사의 기념탑을 세운다면 농부는 아라리 아라릴리 노래하면서 밭을 일굴 것이고, 산업현장의 근로자는 희망에 벅찬 가슴으로 내일을 설계할 것이다.

인생이야기

인생여몽춘 人生如夢春
영구욕망인 永久慾望湮
일념회관성 一念廻觀性
초연시사륜 超然始死輪

인생은 봄날의 꿈같은데
영구한 욕망에 빠져드니
한 생각 돌이켜 자성을 관하면
윤회하는 생사에 초연하리라.

　급격한 사회변혁에는 염세관(厭世觀 허무주의)을 가지는 사람들이 많이
나타난다. 우리 사회가 진취적 이데올로기 변혁의 시대상에 접어들었다.
1848년 파리에서 시작된 혁명의 열기가 전 유럽에 퍼지면서 의회민주주
의 확립을 위해 많은 군중들의 희생을 강요받게 되었다. 지금의 대한민

人生如夢考
永久惑望涅
一念迴觀性
超出始死輪

庚子年前七月初一波堤寫

국이 근세 유럽의 혼란기 축소판이 아닌가 하는 생각이 든다.

정부와 여당은 개혁이라는 이름으로 입법·행정·사법부까지 손을 대고 있고, 이런 변화를 주도하는 현 정부와 여당에 반하여 야당과 지식인들이 개혁의 이름으로 장기집권을 노리는 플랜으로 국민을 속이는 일이라고 판단해 항거하고 있다. 유럽은 이미 100~200년 전에 겪은 일인데 대한민국은 지금 그것을 좇아가고 있는 꼴이다.

독일공화국이 1948년 들어섰지만 많은 사람들은 허무주의에 허덕였다. 이때 "사랑은 없다. 오직 성욕만 있을 뿐이다."라고 말한 쇼펜하우어도 바로 이 시대 사람이요, 철학자다.

이렇게 변화하는 사회, 흥망성쇠 또한 불교적으로 보면 인과의 법칙 아님이 없으니 배가 고파 눈물에 젖은 빵 한 조각을 씹으며 사는 인생도 나의 삶이요, 그대의 삶이리라. 용수보살의 『중론』에서는 "이 세상 모든 존재의 양상은 인연으로 일어나 인연으로 멸하지 않는 것은 찾아보려고 해도 찾을 수 없다." 했다.

오늘의 현실은 물질 풍요 속에 구조의 다각화로 살아가고 있지만 이러한 것들이 만약 행복으로 여긴다면 스스로 세상을 포기하는 사람은 없어야겠지만 현실은 그렇지 못하다. 물질 풍요가 정신의 타락을 재촉하기 때문이다. 왜냐면 다 알다시피 돈으로 자기 입속으로 밥도 넣고, 가만히 앉아서 세상을 다 보고 알 수 있음이 바로 정신 타락이 되기 쉽기 때문이다. 우리는 이러한 세상을 살아가고 있다.

한 사회는 한 시대의 흐름을 역행하지 못한다. 지금 우리 사회는 모든 것들이 첨예화되어 있어 첨단시대를 살고 있다. 첨단이란 극함을 뜻하는 것으로 위태로울 수 있다. 그럼에도 우리들은 그 위태로움을 즐기는지 모른다. 쉽게 갈리는 칼날은 쉽게 무뎌지고 급히 간 칼날 또한 오래가지 못한다. 달리 보자면 노자(老子)께서 "가랑이를 많이 벌리고서는 오래 갈 수 없고, 꼿꼿이 서서는 오래 견디기 힘들다." 했다. 이것이 우리가 걸어온 지난 발자취일 수도 있다. 문화가 일찍이 발달한 서구문명 200년을 불과 수십 년 만에 어깨를 나란히 하였으니 어찌 평탄한 물결을 바랄 수 있겠는가?

여기서 우리는 답을 구해야 한다. 인간이 제아무리 좋은 옷을 걸쳐도 늙음을 되돌릴 수 없고 아무리 산해진미를 섭취해도 냄새나는 똥을 지날 수 없다. 지금으로부터 1400여 년 전 신라의 대표적 고승 원효는 사복이 어머니를 위한 법문에 "삶이 싫어져도 죽기 어렵고 안 죽으려 해도 살기 또한 어렵네."(莫生兮其死也苦 莫死兮其生也苦) 했다. 천 년 전이나 지금이나 원시 사회나 농경 사회나 근세나 현대 4차산업 사회나 힘들긴 매한가지인데 힘든 원인은 딱 한 가지, 위의 승구(承句)처럼 인간의 욕심이 우리 모두를 괴롭고 슬프게 한다.

욕심이란 어디서 나오는가? 이 또한 불교적으로 본다면 치심(癡心)에서 나온다. 왜 어리석다는 뜻의 치심이냐 하면, 세상의 모든 존재 양상은 영원하지 못하고 시간적으로도 공간적으로도 변화하는데 그것을 이해하지 못하고 자신은 영원하고 세상도 영원한 줄 착각하기 때문에 어리석음이요, 그 어리석음이 자신을 죽이고 이웃을 죽이고 나라를 파멸하기 때문이다.

오죽했으면 2000년이 훨씬 넘는 중국 둔황(敦煌) 벽화에 "아미타부처님이시여, 다음 생에는 전쟁이 없는 나라 처자식이 굶주리지 않는 나라에 태어나게 하소서… " 하였을까? 그렇게 볼 때 인간의 고통은 인간 개개인의 욕심 때문에 모두가 불행해진다 할 수 있다.

인간의 역사, 아니 인생살이 역사를 돌이켜보면 고대부터 지금에 이르기까지 동서양을 막론하고 싸우고 뺏고 하는 연속이었다. 나폴레옹이 그렇듯이 왕관을 썼다가 그만큼의 치욕으로 되돌려 받지 않았던가? 전쟁도 그렇다. 빼앗은 쪽은 좋을지 몰라도 뺏긴 쪽은 슬픈 일이다. 그렇게 하면서 내려온 역사가 인간의 역사요, 벗어나기 힘든 윤회(輪廻 생사의 바퀴)다.

유럽의 역사를 보면 지금의 대한민국처럼 혁명이라는 구호로 서로 죽이고 뺏고 하면서 이어져 왔다. 혁명이 보다 진전된 수행이라면, 요즘 우리나라 정부와 여당이 쓰는 개혁은 비슷하지만 조금은 다르다. 적절한지는 몰라도 개혁은 혁명의 모태다. 혁명이라는 단어에 그토록 몸서리쳤던 진보가 왜 혁명의 모태가 되는 일을 밀어붙일까? 하니 이 또한 권력 연장, 기득권 연장이라는 부질없는 욕망의 어리석음이 아닐까 한다.

진보의 가치는 사전적 의미로 보자면 "보다 완전하길 바란다."는 뜻이 있다. 그럼에도 그들은 진보가 아니라 퇴보의 길을 걷는 것 같아 아쉬움이 있고, 나아가 개혁을 넘어 혁명으로 이어지지는 않을까 하는 불안한 생각마저 든다.

한국전쟁 70주년 아침에

칠십단남북 七十斷南北
우풍휴일무 雨風休日無
엄동구백리 嚴冬求白鯉
명월괘송오 明月掛松嗚

남과 북의 분단 70주년
비바람 잘 날 없고
엄동에 잉어를 구하려 하나
솔에 걸린 밝은 달이 슬프다.

남과 북의 동족 전쟁이 일어난 지 70주년이 되었다. 10년이면 강산도 변한다 하지 않던가? 그런 우리에게 무엇이 변했을까를 생각해본다. 변한 것이라고는 전사자의 철모와 철조망에 녹이 많이 슬었고, 38선이 더욱 견고해졌다는 사실이다.

七十斷南北
雨颳休日無
嚴冬求白鯉
明月掛松鳴

庚子年六二五
一坡堤畫

남과 북이 갈라지게 된 원인 중의 대표적 인물인 김일성도 임종이 가까워오자 통일을 염두 것 같아 보였다. 그런 그마저 세상과 이별하고 나니 기득권에 취한 그의 후계자와 추종자들의 이념은 더욱 공고해져 가고 있다. 이미 이념의 가치 판단은 끝났지만 유독 북한 공산주의자들의 체제가 견고해 가니 힘들고 고단한 북한 주민들을 생각하면 가슴을 쓸어내린다.

세계 2차 대전을 일으킨 히틀러의 독일이 붕괴되었고, 따라서 전승국 미·영·프·소련이 점령지역 통치를 분담했지만 1989년 동독공산당 정부가 개표조작을 했고, 이것이 계기가 되어 결국 베를린 장벽과 함께 동독 공산주의가 무너져 통일독일이 탄생되었다.

남북 분단의 배경

한국전쟁이 끝나고서 우리나라의 치안유지와 일본군의 무장해제를 위한 명분으로 신탁통치 안이 나왔다. 러시아의 공산주의와 미국의 반공주의가 한반도에서 충돌하는 상황에 놓였다. 조선인으로 구성된 임시정부가 최고 5년간 미·영·중·소의 통치하에 공동관리할 것을 모스크바 3상회의에서 있었다.

당시 이승만은 좌익과 타협할 수 없다고 남한 단독정부를 고수했고, 김구, 김규식 등 민족주의 계열은 남과 북의 각각 정부수립은 남과 북이 영구한 분단국이 될 것을 우려했지만 미군정의 이해에 따라 남한에서는 헌법위원회를, 북한에서는 공산당 조직을 중심으로 인민민주주의가 만들어졌다.

　지금의 남과 북으로 갈라진 형태의 분단국은 세계 어느 곳에도 없다. 오직 우리나라만이 부끄러운 민족사라 하지 않을 수 없다. 흔히들 우리 나라를 두고 한(恨)의 민족이라 한다. 한이란 곧 눈물이다. 눈물은 누구의 강요가 아닌 스스로가 만들어 낸다. 그렇다면 왜 우리 민족만이 한을 벗어나지 못할까? 자업자득(自業自得)이라 하지 않던가? 우리 민족이 스스로 만든 한이다. 이것을 푸는 것 또한 스스로에 가능하다.

　이젠 한을 버리고 함께 손을 잡고 미래를 향해야 한다. 선불교(禪佛敎)에서는 한 생각(一念)을 중요시 여긴다. 즉 한 생각이 서로 응하는 그 자리(一念相應)가 바로 도(道)라는 것이다. 이 말에 좀 더 이해를 돕는다면 한 생각 쉬거나, 한 생각 돌이켜본다는 것이다. 그렇게 생각하면 독일도 강대국의 지배를 받았지만 통일을 하지 않았나? 더군다나 그들은 패전국으로 우리나라보다 국제사회로부터 더욱 입지가 좁았지만 그들 스스로 장막을 무너뜨리고 한 민족으로 합했는데 왜 우리가 하나로 합하지 못하겠는가?

　우리의 말에 시작이 반이라고 지금도 늦지 않다. '한 민족은 하나다'라는 생각만 해도 얼마든지 가능하다. 그러나 현실의 어려움은 분명 부인할 수 없겠지만 모든 가식을 버리고 사사로운 사욕을 버리고 민족이라는 대의만을 생각한다면 그 누구도 우리의 통일을 막을 수 없으며 막아서도 안 되고, 그러므로 지금 굶주림과 억압의 굴레에서 힘들게 살아가는 북한 동포를 어서 자유의 품에 안겨 함께 살아가기를 바라는 마음 간절하다. 6·25 아침에….

정의하려 들지 말라

본래무일물 本來無一物
하구하탐착 何求何貪著
풍래연소인 風來煙消人
무혜무혜시 無兮無兮是

본래 한 물건도 없는데
무엇을 구하고 무엇에 탐착하랴
바람처럼 왔다 연기처럼 사라지는 인생
무라, 무라 이것이니라.

출렁이는 물결 위에 바람처럼 왔다 연기처럼 사라지는 것이 우리들
삶인데 왜 그토록 취하려거나 남기려고 애쓰는지, 많은 재물과 권력 명
예를 남기면 남길수록 염라노자(閻羅老子)의 분노만 더 사지는 않을까
한다.

本來無一物
何求何貪看
楓來煙消人
無兮無兮送

辛丑年
白露後
一波題
石

74

달마대사는 동인도에서 남중국으로 들어와 양무제(梁武帝)를 만났다. 무제 임금이 묻기를

"무엇이 성스러운 것인가?" 답하길

"성스러움이 없다"(廓然無聖)하니, 다시 묻기를

짐이 탑을 세우고 불상을 만들고 불사를 한 공덕은 어느 정도가 되느냐 했지만 달마대사는

"공덕이 없습니다."(無功德)

공덕은 드러내지 않아야 공덕이지 드러내면 이미 공덕이 아니다.

무제는 달마대사로부터 칭찬이 되는 평가를 기대했지만 기대에 못 미치자 화가 나서 다시 묻기를 "짐을 대하는 그대는 누군가?" 라고 하니

"알지 못합니다."(不識) 이 한마디 남기고 달마대사는 조용히 자리에서 일어나 가버렸다.

나는 늘 스스로 말하길 "인생은 정의할 수 없다."는 말을 쓴다. 왜냐하면 어떤 분상에서 보고 받아들이느냐에 따라 각기 달리 판단되기 때문이다. 가령 죄수들 말을 다 듣다 보면 감옥에 보낼 수 없다. 어차피 세상은 비스듬히 서 있거나 그렇지 않으나 하나의 원융(圓融)으로 돌아간다. 원융이란, 둥글어 모나지 않으면서 서로 융합해 하나가 된다는 뜻이다. 이것이 불교의 화엄경(華嚴經)이 내세우는 원융법계(圓融法界)다.

예전 중국 청나라 3번째 순치 황제(누루하치, 홍타이지, 푸린 6살에 황제 등극 18년 후 23살에 출가<연호順治>)가 출가하면서 남긴 '시'다.

도처에 총림(수행자의 본산)이요 쌓인 게 밥이다.(天下叢林飯似山)

발우(수행자의 밥그릇) 들고 가는 길에 밥 세 끼 걱정하랴(鉢盂到處任君餐)

황금과 백옥만이 귀한 줄 알지만(黃金白璧非爲貴)

가사장삼 얻어 입기 무엇보다 어렵다네.(惟有袈裟被最難)

불가의 고승들이 즐겨 쓰는 말은 한 생각(一念)이다. 한 생각 일으키면 범부다. 그러니 한 생각 일으키지 말라는 말이다. 달리 말하면 바른 생각(一念相應)이면 그 자리가 바로 진여본성(眞如本性)이요, 그에 반하는 것이 망상이다. 달마 혈맥론에서도 "어리석으면 중생이요, 깨달으면 부처다."(迷則衆生悟則佛) 했다.

그래서 부처와 중생의 경계는 오직 한 생각이다. 어리석다는 뜻으로 무명(無明) 중생이라 하는데 무명은 번뇌다. 그러나 번뇌를 떠나 보리(菩提)는 없다. 보리와 번뇌는 함께한다. 보리 즉 번뇌요, 번뇌 즉 보리와 같다. 그러므로 수행을 함에 있어 고요함에서만 찾으려 든다면 그것은 맞지 않다. 우리가 살아가는 세상을 사바세계라 하는데 사바세계는 넓은 바다와 같아서 마음껏 유영할 수도, 중간에 빠져 죽을 수도, 또는 귀중한 보물을 건져 올릴 수도 있다.

결국 인간의 삶은 한 생각이다. 어떤 생각과 어떤 환경을 어떻게 만들고 적응하느냐에 따라 연화세계가 펼쳐질 수도, 아비지옥이나 무간지옥으로 살기도 한다. 이름 하여 깨달음이요, 이름 하여 중생과 부처가 나누어진다. 왜냐, 존재하는 양상은 영원성이 없어서 제아무리 자신을 정재

(淨齋)하고 양생(養生)할지라도 잠시 머물 뿐 끝내는 한줌 티끌로 돌아가기 때문이다.

그러므로 부처님께서는 중도(中道 치우침 없는 바른 도리)를 말하지 않던가? 너무 앞서려고도, 너무 뒤처지려고도 말고 다 가지고 다 오르려는 것들이 어리석음이라는 사실을 깨닫고, 어떤 사안에 대해서 나의 주장이 옳다는 확신일지라도 그것이 나의 모든 것을 뺏을 정도가 아니라면 한 발 물러서라. 그렇게 살아야 임종에 이르렀을 때 큰 후회가 없으리라.

세상이 야속해도 봄은 온다

청산녹수임심신 靑山綠水任心身
명월청풍야속순 明月淸風野俗巡
시아비군증오세 是我非君憎惡世
시래절기개화춘 時來節氣開花春

청산녹수에 몸과 마음을 뒀건만
명월청풍이 야속 하구나
내 옳고 너 그르다는 세상 미워도
때 되면 꽃피는 봄이 오는 것을.

세상이 변화하고 따라서 인심도 변화한다. 이렇게 변화하는 세상 변화의 끝은 없다. 다만 변화는 변화를 위한 변화가 아니라 그 근원의 가치를 실현하기 위한 변화일 뿐이다. 가령 아무리 여름이 깊다 해도 가을은 오고, 가을을 애써 오래 지속하려 해도 오는 겨울을 막지는 못한다. 겨울

青山綠水
任此身
明月清風
是我野俗巡
時來節氣
僧惡去
蜀荻書
歲在己亥
秋節
气士此豆
進雨

79

이 매섭긴 하지만 오는 봄을 밀어내지 못한다. 이것이 자연의 순리고 법칙이다.

수행의 문턱도 아무나 들어서지 않는다. 인연이 있어야 한다. 길에서 먹고 길에서 자는 노숙자가 만약 절간에 간다면 따뜻한 공양과 편한 잠자리를 가질 수 있지만 인연이 없는 사람은 거리에서 죽음을 맞을지라도 그곳을 찾기 어렵다.

청산녹수에 몸과 마음을 두더라도 현실을 넘을 수는 없다. 그것을 말한다면 오늘의 미디어다. 미디어가 홍수처럼 쏟아지고 그 홍수는 멀리하기는 어렵다. 그것이 몸과 마음이 비록 세속과 떨어진 청산녹수에 있을지라도 현실의 궤도를 벗어나긴 어렵다.

새는 산과 들을 날면서 배를 채우고 살아가지만 동토(凍土)가 지속되면 살려고 해도 살아가기 어렵다. 여기서 청산녹수가 현상계요 공간적이라면 명월청풍은 시절을 말한다. 시절은 다시 시간으로 돌아가 마치 뜬 구름같이 실체가 온전하다 할 수 없는 것이 오늘 사회상을 말한다. 현재 돌아가는 현실이 여와 야, 그리고 좌파 우익이 서로 극렬히 상충하기에 야속한 세상이라 하지 않을 수 없다.

그러한 현실이 나를 아프게 하고 이웃을 아프게 한다. 나는 옳고 너는 그르다는 증오가 넘치는 세상이지만 때가 되면 얼어붙은 동토는 사라지고 희망에 찬 봄이 온다는 사실이다.

예로부터 내려오는 말에 제아무리 아름다운 꽃도 10일을 넘기기 어렵고, 달도 차면 기운다 했다. 권력 또한 이와 다르지 않아서 권불십년이라 하지 않던가? 현재의 권력이 영원할 것 같아도 이것은 불교의 인생비유 우화 안수정등(岸樹井藤)에 지나지 않는다. 안수정등이란 언덕의 나무요 우물의 칡덩굴이라는 말로서 검은 쥐 흰쥐가 밤낮없이 갉고 있는 가운데 광야에서 미친 코끼를 만난 나그네가 잠시 우물 속에 몸을 숨겨 칡덩굴에 매달린 채 벌이 떨어뜨려 주는 꿀맛으로 순간을 넘기지만 우물아래는 네 마리의 독사가 그를 기다리고 있다. 이것은 우리의 인생을 비유한 말이다.

옛말에 "때는 다시 돌아오지 않는다. 이 때를 놓치지 말라"(時乎時乎不再來勿入期時)는 말은 오늘 우리들의 삶에 많은 생각을 하게 한다. 권력자일수록 역사의 피드백을 잊어선 안 된다. 현재의 권력이 가문의 영광으로 여기는 순간은 짧고, 역사의 수레에 죄인이 되기 쉽다. 그대가 진정 가문을 생각하고 명예를 소중히 여긴다면 칡넝쿨에 매달려 잠시 꿀맛에 취해 네 마리 독용이 기다리는 우물 속에 빠지지 않길 바란다.

불교의 금강경에 삼세불가득(三世不可得)이라 했다. "과거는 지나갔고, 현재는 순간순간 지나고 있고, 미래는 아직 오지 않았다."는 말이다.

신라시대 삼국통일에 큰 이바지를 했던 자장 율사(慈藏律師)는 당시 대국통(大國統)이다 대국통은 나라의 스승이고 국가의 방향을 정하는 위치이지만 왕이 더 큰 자리를 배려하려 하자 그는 "계를 가지고 하루를 살지언정 계를 파하고 100년 살기 원하지 않는다." 했다. 이 말의 뜻을 공직의 길에 들어서고자 하는 사람들은 한번 새겨보기 바란다.

인간의 가치

변천시대점행간 變遷時代漸行艱
삭발사문부자환 削髮沙門不自還
막견기신여촉하 莫見己身如燭下
영생귀중가인간 靈生貴重價人間

시대의 변천인지 수행은 점차 어려워지고
머리 깎은 스님이 스스로를 돌아보지 못하네
자신을 보지 못함이 등잔불 아래 같아서
영장의 가치를 안다면 인간답다 하리라.

19세기 중엽부터 20세기 초까지 휴머니즘(humanism)이 전 세계에 영향을 미쳤다. 그때까지는 실제로 휴머니즘적 사회가 아니었기에 휴머니즘이 붐을 탔다고 생각한다. 당시 우리나라에서도 거의 같은 시기에 동학(東學)의 '인내천'(人乃天) 사상이 일어났다. 인내천이란, "사람이 곧 하늘이

靈生貴重價人間
莫見己身如燭下
削髮沙門不自還
變遷時代斷紆縶

空井金剛

人向價值
戊戌重九 恐子

84

다"라는 뜻으로 '사람 위에 사람 없고 사람 아래 사람 없다'라고 하듯이 오직 사람이 최고다라고 하는 것이 서양에서 일고 있는 휴머니즘 사상과 맥을 같이한다.

그렇게 되기까지는 인간이 점차 미개(未開)에서 벗어나면서부터, 그간에 무조건 따르고, 두려워하는 신(神) 중심 사회에서 인간이 주가 되는 인간 중심 사회로 변화한 것이다. 신을 중심한 사회가 종적(縱的)인 것이라면, 인간을 중심한 사회는 횡적(橫的)이다. 횡적인 삶은 수평적인 것으로서, 이 시대의 휴머니즘은 하나의 인간 운동이라 할 수 있다. 그것은 인간이 생각하는 동물로서 현실을 헤쳐 나가는 데에는 항상 두려움이라는 장벽이 앞을 가로막았다. 그것이 서양의 역사이자 문화인, 기독교관이 그것이다.

인간은 누군가로부터 창조되었고, 또 지배를 당하다가 점차 지식의 발달로 해서 믿음과 현실의 시점에서 좌충우돌하다가, 19세기 중엽에 이르러서야 비로소 세상에는 '인간이 최고다, 오직 인간이다.' 인간이 모든 것을 만들고 모든 것을 파괴한다는 것을 인식하게 된다.

이것이 신은 부정하게 되고 인간이 중심에 서게 되는 당위성을 이루어 냈다. 그 배경에는 실존(實存)을 따르고 이해하는 사상가나 철인, 사회학자 등이 많이 나오게 된다. 이때 신의 시대를 마감하고 오직 인간의 시대가 도래했다고 외치는 자가 있었으니, 그가 독일의 니체(Nietzsche, Friedrich Wilhelm 1841-1900)다. 그는 말하길 "신(神)은 죽었다."(Gott ist tot)라고 했다. 그 이전에 이미 덴마크의 실존주의 철학 시조인 키에르케고오르 (Kierkegaard. 1756-1855)는 윤리적 실존과 종교적 윤리 등을 발표하면서 "신 앞에, 단독자"를 부르짖었다. 니체 경우 철저한 기독교 집안에서 그렇게 외친 것은 우연은 아니다. 그는 헤겔(Hegel, Georg Wilhelm Friedrich 1770-1831)의 사상 아래 당시 염세관적(厭世) 허무주의 철학자로 잘 알려진 쇼펜하우어 (Schopenhauer Arthur 1788-1860)의 사상 계승자라고 할 수 있다. 그것이 그가 신을 부정하고 인간시대를 주창하는 것이 아닌가 한다.

그뿐 아니라 서양의 전통적 관습(idea)이 시대의 진보 변화에 어울리지 않으므로 해서, 새로운 이데올로기(ideology)를 낳게 되지 않았을까 하는 것이고, 이미 19세기 초에 실존주의를 외쳤던 키에르케고오르 역시 덴 마크라는 사회가 철저한 기독교 문화를 받아들인 사회인 점을 감안 할 때, 그것은 그 사회의 당시 부패하고 타락한 덴마크를 향한 큰 외침이 아 닐 수 없었다. 물론 거슬러 올라가면 그의 부친과도 관계가 되는 일이기 도 하지만, 그는 의연히 신 앞에 홀로 서기를 갈망했다고 본다. 그리하여 그가 "신 앞에 단독자"라는 하나의 의미로서 덴마크 사회의 고정관념의 틀을 부수는 강한 의지를 담게 되었다.

그렇다면, 실존(existence)은 무엇인가? 인간 존재의 차원에서 인간을 보다 높여 존재의 의미를 부여한다고 할 수 있다. 그것을 실존주의자들 은 실존은 본질(本質, essence)에 앞선다라고 말을 한다. 본질은 하나의 유 기적 생태로서, 현상에 존재하는 즉 실존을 받쳐주는 것 쯤 여긴다. 그럼 무엇이 본질이며 실존이냐? 이렇게 되묻는다면 본질은 그 자체가 말을 하듯이 그 현상적인 것보다는 그 근원에 가깝다고 봐진다. 실존은 단순한 존재 자체의 의미보다는 인간의 가치성에서 그 어떤 형태이든 본질이든 그것보다 우월하게 여기고 있다. 그것이 어찌 되었든 인간주의를 표방하는 것만은 분명하다.

그럼 인간이란 무엇인가? '인간이란, 생각하는 동물이다.' 라고 할 수 있다. 이것을 각기 나라마다 표현의 차이가 있을 따름이다. 한국에서는 사람이라 하고, 영국이나 미국에서는 맨(man) 또는 휴먼(human)이라 하고, 인도에서는 마누스(manus)라고 한다. 중화 한자권에서는 인(人) 자로 쓴다. 이 인 자가 발전을 해서 인(仁) 자로 성장을 한다. 이것은 우리나라에서는 어질다는 뜻으로 해석하지만 유교(儒敎)의 본산인 중화권에서는 절대적 '인'으로 받아들여, 사랑이라는 것으로도 이해되고, 휴먼도 되고 절대적 가치, 도덕(moral)이 되기도 한다.

이것을 불교적으로 본다면 자비(慈悲)로도 보고, 또한 '도'(道)라고도 볼 수 있다. 이것을 노자(老子)의 사상으로 보면 '명'(明)과 같은 것이 된다. 무엇보다도 한자는 뜻글이니만큼 인(人) 자나 인(仁) 자는 공통점을 가지고 있다. 인 자는 사람이 서로 기대서 있는 모습이고, 어질 인 자 역시 두 사람이 나란히 있는 모습으로서, 이것은 인간은 홀로 존재할 수 없다는 뜻과 함께 두 사람이 함께해야 모든 것이 완성된다는 뜻으로도 이해할 수 있으며, 따라서 두 사람은 완전함을 암시하기도 하기 때문에 절대적 가치를 표현하는 의미의 글로 쓰고 이것을 실존주의자들은 그들이 내세우는 '실존'인 것이다.

　이러한 역사성 속에서 인간은 점차 그 실체가 뚜렷해지며, 인간이라는 당위성이 사회적인 것에 맞추기도 하고 도덕적인 것에 견주기도 하는데, 불교는 인간에 대해 보다 실천적인 것을 제시한다. 석가모니가 말하였듯이 "너희들도 나와 같이 하면 나와 같이 될 수 있다."고 했다. 이것은 인간의 무한한 가능성을 일깨워 주는 말로서 "인간이란 누구나 불성을 가지고 있다."(一切衆生實有佛性) 인간의 가능성은 완성되지 못한 현실을 가지고 있다는 것을 내포하는 것으로서, 『소품반야경』(小品般若經)에 따르면 "수보리야, 세상만사에 대하여 걸림이 없기를 배우는 사람, 또 세상만사를 있는 그대로 투철하게 알게 되기를 배우는 사람, 이런 사람을 보살이라 한다."라고 하였듯이 부처님의 경전에는 수많은 보살(Bodhisattva.깨달은 사람)을 등장시킨다. 이것은 인간이 가야할 길을 보살이라는 한 대상을 통해 궁극적으로 인간이 바른 길을 갈 수 있도록 인도하는 인도자의 역할을 하게 된다.

　그러기에 보살과 중생이 따로 있는 것이 아니다. 보살이 곧 중생이요 중생이 곧 보살이다. 이것을 단적으로 보이는 것이 "보살은 중생을 위하여 물속이든 진흙 속이든 가리지 않는다."(入泥入水)라고 말하고 있다.

　이러함에도 불구하고 불제자라고 내세우는 사람(스님)들이 배우지도 깨닫지도 못한 일반 평민보다 못한 생각을 가지고 있으니 이것은 슬픈 일이 아닐 수 없다. 앞서 설명하였듯이 '스님'이라는 소리를 듣는 사람들은 스스로가 보살이 되어야 함에 그러지 못하니 그것이 한국불교 1600년이라는 유구한 역사를 만든 선도 조사(先祖師) 앞에 부끄러움과 죄를 짓게 되는 현상이다.

생각하면 불가에서 말하는 세월이 무상하고 변천해서인지는 몰라도 스님들이 도를 깨닫지는 못할지라도 자비심(慈悲心)이라도 있어야 하거늘 그렇지 못하다는 데서 이 또한 안타까운 일이 아닐 수 없다.

며칠 전이다. 모처럼 주변에 사는 J도반(道伴)을 찾았다. 그는 이 지역에서 오랫동안 봉사를 하면서 자비심도 있다. 나는 마침 출간한 책이 있어 몇 권을 가지고 도반에게 건네주고는 그간 서로의 안부를 물으며 시간이 되면 다시 보자는 말을 남기고 헤어졌다. 마침 도반 절 아래에 아주 오래전 아는 스님이 있어 옛 생각에 얼굴이라도 한 번 보려고 찾았다. 문이 열려 있어 인사를 건네는 순간 "왜 왔어"라는 반말 한마디와 싸늘한 표정을 지으며 가라는 손짓을 보였다. 나는 순간적으로 '중이 되어서 이러는 것이 아닌데…' 하는 생각이 들었다. 더는 멈칫거리지 않고 돌아서서 나왔다. 나오면서 생각해봤다. 이 절, 이 스님에게 신세지거나 돈 한 푼이라도 얻거나 부탁했다면 오늘처럼의 경계도 이해가 되겠지만 20여 년 정도의 시간이 흘러 그저 반가운 마음에 인사 정도를 할 마음으로 들린 것인데 그렇게 차갑게 내쫓으니 기가 막히고 슬픈 일이다. 문전박대가 주는 내 자신의 슬픔이 아니라, 늘 중생제도를 입에 담으면서 이 지역에서 고승인 체 하는 한 노승의 모습이 슬플 뿐이다.

　적어도 종교인으로서 수행인으로서 거지가 동냥을 하러 왔대도 그렇게 해선 안 된다. 하물며 먹물 옷을 입고 산 지가 50년을 바라보는데 이렇게 냉대한 대접을 받고 보니 이 나라 이 불교 앞날이 어둡게 보였다. 더군다나 며칠 전 PD수첩에서 불교 지도자가 세속의 비난 받을 수 있는 방송도 나왔지 않던가?

　불교는 종교적이면서도 자아구현(自我具現)을 으뜸으로 내세운다. 이러한 위치에 있는 사람이 자기를 돌아보지 못하면서 중생구제의 기치를 내세워 시주 물에 눈이 어둡고 세속적 명예를 추구한다면 무간지옥(無間地獄)에 우선으로 들어가리라 본다.

　무엇보다도 성직자는 자비심이 충만해야 한다. 자비심이 무엇인가? 나를 넘어서 생각하는 데서 나오는 것이 자비심이다. 여기에 따르는 것이 측은지심(惻隱之心)이다. 이런 마음을 늘 가지지 못하는 사람들은 퇴출되어야 한다.

　불교의 『화엄경』(華嚴經) 「입법계품(入法界品)」에는 선재(善財)동자가 나온다. 선재는 글자대로 어린아이에 불과하다. 아직은 인간이 무엇인지를 모를 때다. 이러한 어린 동자를 통해서 세상을 익혀 가는 과정에서 수많은 선지식(善知識)을 만나게 되는데, 처음은 지혜의 상징인 문수(文殊)를 대한다. 이것은 무엇을 의미하는가? 문수는 지혜를 상징하는 보살이다. 즉 인간이 되기 위해서는 먼저 지혜를 얻어야 함을 의미한다고 할 수 있다. 그리고 중간에 수많은 선비나 이교도, 사창가에도 선재는 가게 된다. 이것은 사람이 되어가는 과정이 경험으로만 가능하다는 것을 보이는 것이고, 마지막 장면인 미륵(彌勒)보살을 만나서 손가락의 일탄(一彈)을 맞게 되는데, 이로 인하여 그간 얻은 여러 가지 가르침을 일시에 잃어버리게 되는 결과를 초래한다. 이에 선재는 그 자리에서 주저하지 않고 처음 찾은 문수보살을 찾아 문수의 법문(法門)을 듣고서야 크게 깨닫게 된다. 이 가르침은, 얻는 것도 소중하지만 나아가 놓아버릴 때 더 큰 깨달음을 얻는다는 그런 교훈이 아닐까?

오늘같이 사회가 각박하고 수행하기가 어려운 때에 뱀(巳)복이를 사랑한 원효(元曉 617~686) 스님 같은 스승이 그립고, 가까이로는 철망을 치고 10년을 세속과 차단하며 공부한 성철(性徹 1912~1993) 스님이 더욱 돋보인다.

인생의 의지와 행복

시대유견 時代流見
현재부진 現在不塵
청황세변 靑黃世變
행복유신 幸福有身

시대의 흐름을 볼 뿐
현재를 탓하려 말라
세상은 거듭 변화해서
행복은 스스로에 있다.

한번 흘러간 물은 다시 돌아오지 않는 것처럼 우리에게 주어진 운명
또한 지나가버리면 다시 되찾을 수 없다. 이것이 인생이라고 생각하면
슬프다. 시대의 변천은 그 누구도 짐작하기 어렵다. 불과 30년 전만 해도
불가에서는 주지 자리를 탐하지 않았다. 주지 자리가 마치 지옥 가는 길

時代流見
鼋在不塵
青黃老變
幸福有身

己亥年少夏一波寫之

93

티켓을 구하는 느낌이기 때문이다.

오늘 우리 사회 시대의 특징이라면 내일을 생각하지 않는다. 내일을 생각한다면 오늘처럼 살진 않는다. 그 예로 게임에서처럼 인간의 생명을 중요시 않는다. 불가에서는 한 생명을 얻기 위해 수많은 세월을 선업으로 쌓아야 가능하다고 본다. 그런 생각들이 모두 부질없는 것처럼 느껴지는 것이 오늘 우리 사회다.

내일 천당 가고 지옥 가는 것이 중요하다고 생각지 않는다. 다만 이 멋진 세상을 만나서 멋지게 인생을 향유(享有)할 뿐이지 그 무엇을 바라겠는가? 멋진 인생이란 스스로 잘난 체 하는 것이 아니라 모든 사람 들로부터 아름답게 보이는 것이 멋진 인생이 아닐까? 이 멋진 인생의 길에서 왜, 무엇 때문에 멋진 인생을 포기하려는 사람이 있는가?

세상이 아름다운 건 아름다운 눈이 있기 때문이다. 아름다운 눈은 인식하는 마음이 있기 때문이다. 마음이란 그 자체는 존립할 수 없어서 언젠가 썩어질 몸일지라도 이 몸이 있기 때문이다. 영가 대사(永嘉)의 「증도가(證道歌)」에서 "헛되고 빈 몸뚱이가 곧 진리의 몸이다."(幻化空身卽法身) 했다.

이 몸이 중요하다는 것은 살아있음을 인식하기 때문이다. 살아있음은 삶의 의지가 있어서이다. 삶의 의지가 강한 사람은 행복하고, 삶의 의지가 낮거나 꺾이면 행복한 삶이 되지 못한다. 그런 것이 지속되면 삶을 중도에 포기하기도 한다. 그렇다면 삶의 의지가 곧 행복의 가늠자가 되는

데 이 가늠자는 물질에만 있지 않다. 가령 시장에서 어렵게 장사를 해서 하루를 살아갈지라도 삶의 의지가 강한 사람은 행복한 반면 풍족히 갖춰서도 삶의 의지가 약한 사람은 행복하지도 못하고 오래 살아갈 수도 없다.

삶의 의지야말로 세상을 살아가는 힘이다. 이 힘을 얻기 위해 자신과 부단히 싸우는 것이 인생이다. 인생이란 바둑판의 금과 같아서 어디를 놓느냐에 따라 승리하기도 하고 패하기도 한다. 길을 가다보면 때론 험난한 길을 맞닥뜨리기도 하고 편한 길을 만나기도 한다.

그러므로 노자(老子)가 말하는 인생의 지침서를 옮겨 본다. "가져서 가득 채우려 함은 그만둠만 못하다."(持而盈之 不如其已) 또한 인간의 품성을 지니는 덕목에서 "예민하게 따지기만 한다면 오래가지 못한다."(揣而銳之 不可長保) 했다.

오늘처럼 각박한 사회는 아직 없었다. 손에 잡히는 도구 하나가 온 세상을 다 볼 수 있고 온 세상의 소리를 다 들을 수 있다. 이러한 세상, 참 좋지 않은가? 물론 아니다라고 말할 수 있다. 옛사람들의 정서는 숙이고 감추는 데 큰 덕목을 뒀다면 요즘은 까 벌리고 드러내는 세상이다. 이런 세상이 못마땅하고 불편하게 받아들일 수 있지만, 봄 여름 가을 겨울이 우리에게 문제를 제시하듯, 오늘 이 시대는 이 시대의 흐름이요 가치관이다.

10대 20대에게 옛날의 정서만을 들이대면 그들은 이해하지 않으려 한다. 그와 같아서 이 시대상에 어떻게 적응할 것인가 하는 것이 마치 같은 음식 재료를 가지고 각기 쉐프의 레시피에 따라 음식의 맛이 달라지는 것과 같다. 요즘의 변화는 개별적이고 독립적 특색으로 살아간다. 혼자 사는 사람은 혼자 살아가는 행복을 구하면 되고, 서로 의지하며 함께 하는 사람은 그에 맞는 가치로서 행복을 구하면 된다. 꼿꼿이는 오래 설 수 없고, 가랑이를 많이 벌리고서는 오래 걸을 수 없다. 이 밖에 인생의 정답은 없다.

2부 집착으로부터 해방

선악의 경계를 넘어서라

진흙의 연꽃처럼

시시간간불건제 時時懇懇不愆除

호호분분사구우 好好紛紛乍久虞

아등하지하향진 我等何持何向進

매화설중예니부 梅花雪中穢泥芙

때때로 주의해도 허물은 지울 수 없고

좋다 좋다는 순간이요 근심은 길어라

우리는 무엇을 가졌으며 어디를 향하는가

눈 속의 매화요 진흙의 연꽃이니라.

한 해가 저물었다. 저문 해를 되돌아보며 나는 무엇을 가졌으며 어디를 향하는지 생각해 본다. 모를 땐 두려움 없이 행동하다가 알게 되면서 두려워지는 것이 인생이다.

時々懇々不絶除好々紛々乍仄寞

我等何持何向延梅花雪中瓣泥芙

辛小年光映雪寒 一次挺和

인간이란 완결한 생명체이면서도 또한 그렇지 않다는 것을 나이가 들어가면서 점차 알게 된다. 불교에서 보는 인간은 업(業)으로부터 왔기에 생노병사(生老病死)가 있고 이에 늘 불안하게 살고 있다.

나이가 젊어서는 산다는 말을 주로 하다가 어느 시점에 가면 산다는 말이 줄어들게 되는데, 이때가 병이 들 수도 있고 죽을 수도 있겠다는 생각을 강하게 들게 하는 때다.

살면서 늘 조심한다 해도 허물은 떨칠 수 없다. 허물은 곧 업으로서 자작자수(自作自受. 스스로 지어 스스로 받는 것)이다.

인간의 궁극이 행복이라면 행복이라고 느끼는 순간은 그야말로 순간, 순간에 지나지 않는다. 이에 반하는 근심은 오히려 긴지도 모른다. 가령 사기꾼이 사기를 쳐 얻는 순간은 행복할 수 있어도 그로 이해 대개 비참한 결과를 낳는다. 만약 사기를 쳐서 반드시 고통의 결과를 받을 것을 안다면 사기 칠 생각을 거둘 것이다. 이 또한 순간의 욕구를 자제하지 못해서 짧은 행복을 위해 긴 고통을 감수해야 하는 결과가 초래된다.

한 해가 저무니 많은 생각들이 일어난다. 지금까지 살아온 온갖 것들과 앞으로의 생각들이다. 달마대사의 어록에 "마음이 곧 부처요, 부처가 곧 마음이다.(心卽是佛 佛卽是心) 했는데 이 마음을 찾고 다스린다는 것이 쉽지 않다. 그래서 달마대사께서는 "마음, 마음, 마음 찾기 어렵구나."(心心心難可尋) 했다.

행복과 불행의 기준은 가지거나 못가지고에 있지 않다. 오직 마음에 있다. 다시 말하면 인생의 성취도는 가지고, 올라서고, 이기고 하는 것이 아니라 마음이 따뜻해지고 마음이 채워지는 데 있다. 다만 마음이라 해도 마음 또한 쉽게 따뜻하고 쉽게 채워지지 않는다. 황벽 스님은 어록에 "추위가 뼈에 사무침을 겪지 않고 어찌 매화 향이 코를 찌르겠는가?"(不 是一番寒徹骨 爭得梅花撲鼻香) 했다.

이에 연꽃 또한 더러운 진흙탕에서 아름다운 자태로 향기를 내뿜으며 핀다. 진흙탕이 우리가 사는 세상(塵土)이라면 연꽃처럼 온갖 더러움에 물들지 않는 오직 마음 하나 잘 구현한다면 이런 사람은 인생을 성취한 사람이 된다. 마치 온갖 더러움에 물들지 않는 연꽃처럼….

한 해가 저물게 되면 왠지 모를 허탈함, 아쉬움이 우리를 힘들게 한다. 무엇이 그토록 힘들게 했는지… 인생이란 어차피 한번 왔다 한번 간다는 생각 모른 바 아니지만 그렇게 단순하게 끝나는 것이 아니기에 슬퍼하고 괴로워하는지 모른다. 다가오는 새해는 덤으로 산다는 생각으로 다시 시작하는 마음을 가지면 어떨까 한다.

인성의 가치에 대해

사바정사휴 娑婆程乍休
환무막신수 幻舞莫身修
약시가인성 若示價人性
별무차외구 別無此外求

세상은 잠시 쉬어가는 여정
꼭두각시 춤으로 자신을 꾸미지 마라
만약 인성의 가치를 바로 본다면
이밖에 무엇을 더 구할꼬.

인성이란 인간의 성품이다. 인간의 본질적 가치이기도 하다. 이 본질적 가치를 알고 살아가야 하는 세상이 사바세계다. 불가에서는 흔히 쓰는 말로 "사바세계(娑婆)는 잠시 쉬다가는 세상이다." 한다. 사바의 본뜻은 "힘든 세상"을 말한다. 힘든 세상살이에 대해 불교에서는 인욕(忍辱)

姿姿程乍休
紅舞莫身修
若示價人性
別無此外求

楚雲

104

을 해야 살아갈 수 있다고 한다. 인욕이란 온갖 역경을 참는 것으로 유교적으로 보면 인(仁)을 이루는 것과 같다.

인 자가 가지고 있는 특성은 보는 데 따라 가치도 조금씩 다를 수는 있겠지만 그것이 가지고 있는 의미를 생각하면 사람 '인' 자에 두 '이' 자가 붙어 있다. 이것은 두 사람이 나란히 한다는 것으로서 수평적 의미와 함께한다는 뜻이 된다. 『선문염송』(禪門拈頌)에 "사람은 공평하면 말이 없고, 물은 평탄하면 흐르지 않는다."(人平不語水平不流) 했다.

우리 인간은 영리해서 개별적인 면이 강하고, 함께하는 것이 어렵다. 이것을 극복하지 않으면 세상살이가 힘들어진다. 이것을 이겨내야 하는 기치(旗幟)가 유교적 '인'이다. 인은 곧 사랑이다. 기독교의 사랑과 불교의 자비와 본질은 같다.

사람은 본시 영리하다. 공자는 태어나면서 아는 것을 생이지지(生而知之)라 하고 배워서 아는 것을 학이지지(學而知之) 했다. 불교에서는 지혜(智慧)를 중요시한다. 깨달음도 지혜에서 나오기 때문이다. 지혜 지(智) 자는 학이지지와 상통한다. 알 지(知) 자가 근본지로 타고나는 것이라면 지혜 지 자는 알 지 자 아래 날 일 자가 붙었다. 날로 닦아서 얻어진 뜻글자다. 이것을 후득지(後得智)라고도 한다.

만약 인간으로서 인간답게 살지 않고 꼭두각시(실체가 없는 것) 같은 행위로 자신을 꾸미면서 살아간다면 순간은 잘 사는 것처럼 보일 순 있으나 반드시 후회가 따르게 된다. 마치 죽음을 앞둔 새의 구슬픈 소리 같고, 임종에 다다라 고통으로 진실을 토로하는 일과 같다. 실제로 우리들 주변에서 사람을 이끄는 직업, 정치인들을 보면 바로 알 수 있다.

그러므로 인성(人性)의 가치만 제대로 알고 산다면 그런 사람은 인간의 가치를 바로 실현하는 사람이다. 역사의 피드백feedback에서 우리는 많은 것을 알 수 있다. 당시로서는 군림하는 왕이 좋아 보일 순 있어도 훗날 아무런 벼슬을 하지 않은 사람이 군림했던 왕보다 더한 존경이 따르게 된다. 며칠 전 우연히 통영에 있는 박경리기념관을 들르게 됐다. 무더운 날씨임에도 나의 발걸음은 그가 영면하는 묘까지 이르게 되면서 "아! 통영이 그를 진정으로 반기고 존경하는구나" 하는 생각을 하게 되었다. 그가 잠든 자리며 그가 남긴 흔적, 그 무엇 하나 소홀함 없이 잘 챙겨져 있었다. 특히 그가 잠든 자리가 엄청 명당에다 아주 넓은 도량을 공원화한 것을 보면서 그의 생전 노력의 가치를 짐작할 수 있었다.

운제산에 올라

성모재단운제산 **聖母在壇雲梯山**
자충사해수호환 **慈充死海守護還**
창해원견사라국 **蒼海遠見斯羅國**
사걸승래약월한 **四傑僧來若月閑**

성모단이 있는 운제산
차차웅이 죽어 동해의 수호신으로 돌아와
멀리 바라보이는 푸른 물결에 신라국을 떠올리고
신라의 4걸승이 한갓진 달처럼 다가오네.

운제산은 포항의 남쪽에 있는 고즈넉한 산이다. 해발 600미터이니 명
산이라 하면 좀 작은 산에 속한다 할 수 있다. 산은 웅장하지도 빼어나지
도 않지만 신라시대의 흔적이 뚜렷하게 남아 있다. 산 정상에 올라 준령
을 타고 남쪽으로 가다 보면 대왕암이 나온다. 그곳이 나라를 지키기 위

聖母在壇雲ヶ棒山
慈克死海守護罷
蒼波遠見思羅国
四傑僧来三角闘
登石棒山

大王岩

해 제사지내는 성모단이다. 성모단이 있는 곳은 지리산 등 우리나라에서 몇 안 된다. 그러한 역사적 의미와 명찰(名刹)이 있어 더 돋보이지 않나 하는 생각을 하게 한다. 계곡은 장엄하지는 않지만 고즈넉하게 산책하기에는 좋은 곳이다.

이 산에 무슨 매력이라도 있는지 신라시대 걸승(傑僧)이라 불리는 원효·자장·의상·혜공 스님 등이 이 산에서 수행했다. 산에 오르면 누구나 느끼는 바지만 우선 가슴이 열린다. 가슴이 열리는 것은 힘들게 오르는 과정이 있었기에 그것을 느낄 수 있다. 힘들게 오르는 것은 우리의 삶과도 같다. 그러면서 정상을 올랐을 때는 모든 억압으로부터 해방이 되었을 뿐 아니라, 나보다 더 높은 사람도 없기 때문이다. 이것은 상징적인 의미가 크다.

내가 과거에 불교사를 공부할 때 교수가 왕관의 모양에 대해 물었는데 아무도 제대로 답하지 못하였을 때 내가 당당하게 말한 적이 있다. 왕은 지상에서 최고의 존엄이니 그 존엄의 상징이 바로 나무로 봤다. 지상에서 높은 곳이 산이지만 산보다 높은 것이 나무다. 신라의 왕이 쓴 금관을 보면 나무 모양으로 제작된 것을 알 수 있다.

산을 오르는 사람들은 산이 자신을 품어 준다는 말을 한다. 품어 준다는 것은 어미가 자식을 품는 그런 의미다. 그런 생각을 하는가 하면 '기상(氣像)을 얻는다.'라고 생각을 할 수 있다. 줄이면 '기'다. 그뿐 아니라 산에 오르면 눈으로 엄청난 광경이 들어온다. 여름이라면 만목강산(滿目江

山)이라 할 것이며, 가을이라면 만목홍산(滿目紅山)이 된다.

산을 오르면 눈을 즐겁게도 하지만 안목(眼目)을 넓혀 주기에 우리들은 산을 즐겨 찾지 않을까? 안목은 세상을 살아가는 데 있어 대단히 중요하다. 소인은 작은 것에 집착한다. 마치 한자의 소(小) 자가 저울추 같아서 중심이 흔들리는 것에 비유한 말이다. 이에 반하는 대인(大人)은 사람이 한결같음을 의미하는데 한결같다는 것은 사람 인(人) 자에 횡으로 그어진 것과 같다. 수평적으로 그어진 것이 '한결같다'는 뜻이다.

속담에 "산이 높을수록 골이 깊다." 한다. 산이 높다는 것은 덕에 비유하기도 한다. 즉 덕이 높으면 삶의 깊이가 깊다, 라고 봐야 한다. 덕이라는 것은 어느 정도 타고나는 면도 있겠지만 닦아서 얻는 후득지(後得智)와 같다. 왜냐하면 아무리 좋은 부모 좋은 혈통이라 해도 스스로 노력하지 않으면 안 된다. 『명심보감』에 "옥도 다듬지 않으면 그릇을 만들 수 없다."(玉不琢不成器)하지 않던가?

시간과 공간에서 우리는

일체시공처 **一切時空處**
수진조대어 **誰眞釣大魚**
제반심작용 **諸般心作用**
행복유무여 **幸福有無餘**

일체의 시간과 공간에서
누가 진실로 대어를 낚을 수 있는가
모든 것은 마음 작용에 따라
행복할 수도 그렇지 못할 수도.

우리가 살아가는 데 있어 시간과 공간은 매우 중요하다. 시간은 마치 끊임없이 흐르는 물과 같다. 시간의 소중함은 순간은 모르고 지내다가 어느 시점에 이르러서야 비로소 시간의 가치를 알게 된다. 알았다면 모든 것이 본래의 자리로 돌아오면 좋겠지만 한번 흘러간 물이 다시 돌아

올 수 없듯이 시간은 한번 놓치면 다시는 되돌릴 수 없다. 마치 백발노인에게 머리색만 검게 고친다고 젊어지지 않는 것처럼 우리의 인생도 이와 같다.

우리의 인생길이란 시간이라는 배를 타고 공간의 바다를 항해하는 것과 같아서 이것이 인간에게 운명(運命)인지도 모른다. 이 운명의 배를 함께 탔어도 모두가 다를 수 있다. 가령 어떤 사람은 배라는 한정된 공간에서 할 수 있는 모든 것을 준비하여 배를 탄 시간의 가치를 활용할 수 있었겠지만, 어떤 사람은 그냥 배가 떠가는 대로 자신을 맡겨 세월을 죽인다. 또 어떤 사람은 목적지에 이르기 전에 병들거나 죽는다. 이렇듯 시간이란 무상살귀(無常殺鬼)다. 즉 덧없는 세월 말이다.

공간 또한 한정된 것을 떠올리기 쉽지만 세상에는 그 어떤 공간도 한정되지 못하다. 공간을 작게 보면 바늘구멍 정도이지만 넓게 보면 자신의 주변을 넘어 사막도 되고 개척의 땅도 되고 전 세계가 모두 공간 아님이 없다.

이렇게 한정된 것 같은 공간은 시시로 변화해서 그 무엇으로도 한정이나 정의내리지 못한다. 보라, 38선에 철조망을 치고 중무장을 하면서 삼엄하게 지키고 감시하지만 어떤 변화가 오면 한 순간에 무너질 수도 있다. 그러므로 영원성이 없어 무상할 뿐이다.

이렇게 무상하고 변화하는데 자신을 어디에 둘 것인가? 마치 세상은 아득한 바다와 같아서 두려움도 따르지만 생명의 연한을 위한 양식도 있다. 그런 바다에서 누가 낚싯대를 드리울 것이며 누가 그물을 칠 것인가?

이러한 환경은 저절로 만들어지거나 누가 만들어야 하는 필연이 아니다. 가령 넓은 호수에 물고기가 살아가고 있으면 호수가 되지만 생명체가 살지 못하면 죽은 호수다. 그런 호수는 차라리 없는 게 낫다. 바로 이런 것이 내가 만들고 내가 인정하는 것이다.

그러므로 세상살이는 어떤 마음으로 어떻게 꾸려 나가느냐에 달렸다. 불가의 선승(禪僧)들은 해가 서산에 넘어서는 것을 보면서 두 다리를 뻗어 울었다 한다. 오늘도 하루해가 다 지나가는데 도업(道業)을 성취하지 못한 아쉬움에 슬피 우는 수행자도 있다.

불가에서는 '원력'(願力)을 말한다. 원력이란 뜻을 세우고 그것을 실천하는 의지가 포함되어 있다. 우리는 그 원력을 세워 사바(娑婆)라는 고해(苦海)를 어떻게 넘을 수 있을까? 그 넘는 과정이 바로 시간과 공간이다. 이 시간과 공간은 오직 스스로가 만들거나 헤쳐 나아갈 뿐이다.

가을의 노래

천고래안추 **天高來雁秋**
세상부지류 **世上不知流**
약정관시변 **若正觀時變**
부군운명주 **扶君運命舟**

기러기 하늘 높이 나는 가을이 왔지만
세상 흐름을 알 수 없어라
만약 시대의 변화를 바로 본다면
운명의 배가 그대 편에 서리라.

언제나 찾아오는 가을이다. 하늘은 높고 산은 붉고 노랗게 채색되고
들판에는 오곡이 무르익어 황금색 물결을 이루는 가을이 돌아왔다. 텅
빈 창공에 줄지어 나는 기러기를 보면 세월의 무상을 느끼기도 한다.
　인간의 마음은 지난가을과 올가을이 다를 수 있어도 자연의 이치는

116

거의 그대로다. 지금 대한민국은 매우 혼란하다. 촛불이 온 나라에 타올랐고 적폐청산이라는 구호는 새 정부가 들어선 지 일 년 반이 지나가지만 아직 지우지 못하고 있다.

이런 환경에 우리에게 주적이었고 그들은 인류 최후를 맞을 수 있는 핵무기로 우리를 위협한 것이 불과 1, 2년 정도에 지나지 않았다. 그들에게 주어진 국제적 제재가 그들을 변화하게 했고 이에 발맞춘 정부가 그들과 함께 비핵화를 외치고 있다.

현재는 과거로부터 존재한다. 그들의 과거를 보면 언제 어떻게 변할지 모른다. 이런 상황에서 진지한 검토 없이 그들의 요구만 따르는 것이 왠지 불안하다. 대한민국민이라면 누가 통일을 반대할 것이며 누가 평화를 부정할 수 있을까?

그러나 우리가 알아야 할 것은 역사는 거짓이 없고 진실되다. 이 말은 역사를 바로 보자는 의미이다. 오늘 이 시점에서 역사를 바로 보지 못하고 앞에 놓인 현실에만 빠져드는 것이 안타까울 따름이다.

역사를 돌아볼 때 정치 지도자들은 "평화도 힘이 있어야 지켜진다."는 말을 했다. 우리의 국력과 우리의 안보가 지켜지는 가운데 평화도 있고 통일도 있다. 그러나 현재 돌아가는 정치적 상황은 무엇에 홀리기라도 하듯 매우 급하고 조바심이 앞서는 느낌을 지울 수 없다.

생각해 보라, 같은 민족으로 동질성에 대한 가치를 중요히 여기면서 살아왔다면 남과 북이 이토록 처절하게 갈라져 있지 않았을 것이다. 그러나 현실은 이미 서로가 70년이라는 짧지 않은 시간을 두고 적대시해 왔다.

이런 상황을 어느 날 갑자기 없었던 것처럼 되돌리기에는 너무도 골이 깊다. 이데올로기적으로 다르고 체제의 환경이 다르다. 이러한 환경을 금방이라도 극복할 것처럼 여긴다면 이 또한 정치적 포퓰리즘에 빠지는 것이라 하지 않을 수 없다. 우리가 알아야 할 것은 정치인들의 분별 없는 행동에 다수의 국민들이 불행해질 수 있다는 현실이다.

어제의 소중한 가치가 오늘은 짓뭉개져 버리는 일이 여기저기서 일어난다. 마치 항해하는 배가 성난 파도에 의해 언제 뒤집힐지 모르는 아주 예민한 시대를 우린 살아가고 있다. 그러므로 우리들은 시대상을 잘 알아서 스스로 대처해야지 이 어려운 난국을 극복할 수 있다. 그렇게 될 때 운명의 배가 당신의 편에 서게 된다.

영일대에서

석장여정도일대 **錫杖旅程到日臺**

개화창해중인회 **開花滄海衆人徊**

차도남북하래왕 **此途南北何來往**

철광야심무화최 **鐵鑛夜深無火摧**

석장을 짚어 영일대에 와보니

꽃핀 바닷가에 뭇사람들이 노니네

이 도로로 남과 북의 왕래가 언제쯤일까

제철소 용광로는 밤이 깊어도 식지 않네.

　　포항 하면 영일만(迎日彎)이고 영일만에 영일대가 들어섰다. 영일대의
이름은 포항 북부 해수욕장이 있는 곳으로 2013년 6월부터 영일대, 영일
대해수욕장으로 명칭을 쓰게 되었다. 영일대 하면 영일집이라는 뜻이지
만 여기서 대(臺)는 지대(地帶) 즉 지역의 뜻으로 본다면 크게 틀렸다 하지

空林釣魚

迎日臺

錫杖旅程到日臺
閑花滄海象人細
此途南北何來往
鐵鑛伐深無火摧

戊戌年書於
一波堤石

는 못한다.

영일대해수욕장은 전통 한옥 형식의 누각이 백사장 중앙에서 바다로 들어간 자리에 영일대(迎日臺)라는 이름을 가진 누각이 있다. 특히 야경이 일품이다. 백사장에서 바라보는 오른쪽으로 포스코(POSCO)의 용광로가 검푸른 바다와 어울려 아름답고 황홀하게 눈에 들어온다.

영일대해수욕장은 동해에서 최고의 큰 해수욕장으로 백사장에서 이어지는 수심이 얕고 물이 깨끗해 전국에서 많은 사람들이 찾는 명소다. 아침 일출도 아름답지만, 밤 야경을 보기 위해 50만 포항시민이 수시로 나들이 하는 곳이기도 하다.

영일대를 중심으로 북쪽으로는 보경사(寶鏡寺)가 있는 내연산(內延山)이 동해바다를 바라보며 병풍처럼 펼쳐져 있고, 남쪽으로는 신라인의 성지라 일컫는 남해대왕의 부인 성모단(聖母壇)이 있는 운제산(雲梯山)이 호미곶을 바라보며 서있다.

운제산은 구름사다리라는 뜻으로 일연(一然 1206~1289) 스님의 『삼국유사』에서 잘 기록되어 있는 곳이다. 그곳에는 '내고기'의 뜻을 가진 오어사(吾魚寺)가 있다. 오어사에 대한 『삼국유사』에 의하면 원효 대사(元曉大師)의 스승이며 걸사도인(乞士道人)이라 불렸던 대안 법사(大安法師)가 창건한 절이다.

대안 법사는 도력이 충만함에도 자신을 낮추는 두타(頭陀)행자로서, 경주 장안을 가가호호(家家戶戶) 문을 두드리며 "나, 대안이요" 하며 걸식을 하며 수행한 고승이다.

오어사 뒤편 산봉우리 깎아지른 절벽 한 모롱이에 자장암(慈藏庵)이 있으니, "계(戒)를 가지고 하루를 살지언정 계를 버리고 백년부귀를 원하지 않는다."라는 말로 잘 알려진 신라국통(新羅國統)이자 대율사(大律師)로 알려진 자장 스님이 머문 곳이다. 자장 스님 하면 신라가 삼국을 일통(一統)할 때 김춘추(金春秋, 604~661 태종무열왕), 김유신(金庾信595~673)과 더불어 삼국을 통일하는 데 크게 기여했다.

포항은 명산과 아름다운 바다를 끼고 있으며 동쪽에서 가장 먼저 해를 맞이하는 곳으로, 특별한 날이면 해맞이를 위해 전국에서 사람들이 모이는 곳이다. 50만이 넘는 인구가 생활 터전이 되는 포항제철(POSCO)이 있다. 철강 산업의 특징이 그렇듯 밤과 낮을 가리지 않고 화로에서 나오는 연기와 불빛이 이 고장 이 도시를 더욱 아름답게 한다.

* 錫杖 스님들이 짚고 다니는 지팡이.
* 頭陀 수행자.

슬픈 가을

인심대립물상추 **人心對立物霜秋**

유수성성야불휴 **流水聲聲夜不休**

약물여군분이법 **若勿余君分二法**

미타천국현전구 **彌陀天國現前求**

인심은 대립하고 형편은 가을 서리라

흐르는 물소리 밤에도 쉬지 않고

만약 너와 나라는 편 가름 없다면

우리가 사는 세상이 미타천국일세라.

　가을이다. 가을이라는 계절은 우리에게 어떻게 다가오나 만약 꿈에
부푼 신혼이라면 우수수 떨어지는 낙엽을 축복으로 받아들인다. 그리고
떨어진 낙엽을 밟으며 행복의 설계를 하겠지만 어느 우울한 중년 남녀
가 떨어지는 나뭇잎을 밟을 때면 지난 설움 그리고 절망이 가슴을 메우

人心對立
物需秋
流水聲々
佼石休
若句余启
分工活
彌陀天園
現前水

衣秋
歲在己亥秋
一灯題畫

124

지는 않을까?

　이토록 같은 계절도 개인의 처한 환경에 따라 상반이 된다. 나 역시 가을이 오면 무척이나 슬프고 우울했던 과거가 떠오르기도 한다. 10대 후반 해인사에 입산해서 얼마간의 행자생활을 하다가 팔공산 동화사에 큰 선지식(京山 스님)이 무문관(無門關) 수행을 마치고 와서 머문다는 소식을 듣고 동화사로 왔다. 그때가 한여름이다. 무더운 여름의 행자생활은 참 힘들었다. 새벽 3시에 일어나 부처님께 예불을 하고 나서 스님들 공양 준비를 해야 했고, 아침 공양이 끝나면 산에 올라 나무를 해야 했다. 그렇게 힘든 생활을 하다 그해 음력 10월 보름날 수계를 할 수 있었다. 수계는 시간만 지나면 할 수 있는 것이 아니라 스스로 수행을 감내하지 못하고 하산하기도 하고 그것을 감내했다 하더라도 수계를 받기까지 신상이나 행동에 문제가 있다면 수계를 받을 수 없다.

　그렇게 수계를 받고 잠시 자신을 돌아보는 시간을 가지면서 후회는 아니지만 스스로 자문을 해보게 되는데, '내가 중이 된 것이 사회를 잠시 도피하기 위한 것은 아닌가 하는 생각'과, '아니야. 불문에 들어오는 것은 인연이 있어야 하니 내가 중이 된 것은 어쩌면 운명인지도 모른다'는 이런 저런 생각을 하다 나는 고향을 생각하며 버스에 몸을 실었다. 순간 버스에서 흘러나오는 노래가 내 가슴을 어찌나 후벼 파는지 지금 생각해도 너무 슬펐다. 그때가 낙엽이 뒹구는 늦가을이었다. 어떤 사람은 슬픔의 계절이요 어떤 사람은 기쁨과 꿈이 서린 계절이 된다.

오늘 이 가을을 사회적으로 보면 인심이 대립하는 계절이다. 인심이 대립한다는 것은 사람들의 마음이 각박하고 편안하지 못하다는 말이다. 흐르는 물소리가 밤이라고 쉬겠는가? 아무리 정권이 바뀌어도 서민들의 고단한 삶은 마치 물소리 밤에도 쉬지 않는 것처럼 우리들 삶은 힘들고 고단하다.

어느 사회나 인간 사회는 갈등이 있기 마련이다. 이런 갈등은 균형이 깨질 때 더욱 심화한다. 앞 정부에서 있었던 일들은 적폐청산이라는 이름아래 검찰의 특수부를 보강해 가면서 시퍼렇게 칼을 들이댔다. 기무사령관이었던 이재수가 자식들이 보는 데서 집안 압수수색을 당하고 수갑까지 채워졌을 때 그는 얼마나 자신이 비참했음을 느꼈을까 하는 생각은 그의 죽음이 말을 해준다 하겠다. 한진 회장 조중훈도 검찰의 칼날에 결국 숨졌다. 그런 일이 있어도 대통령이나 이 정부 그 누구도 검찰개혁이니 국민 인권이니 하는 말은 하지 않다가 온갖 비리로 이 가을 수놓은 자기 사람이 검찰에 조사를 받으니 대통령이 나서 국민의 인권이니 검찰의 인권이 어떻고 본질하고는 관계없는 사법개혁을 들고 나오며 검찰을 압박했다. 이 일을 두고 보면 인권변호사 출신 대통령이 맞는가 하는 강한 의심이 든다. 앞 정부에 대해서는 인사 문제 등 사사건건 문제제기를 하던 사람들이 지금 보면 앞 정부보다 더하면 더했지 못하지 않는 것이 전문성과 전혀 관계없는 사람들로 국가와 공사의 중요 보직에 자리를 앉혔다. 대통령이라면 국민을 하나되게 해야 함에도 그런 것은 전혀 없는 마이웨이다.

만약 이런 편 가르기가 없는 공정한 민주사회라면 세상은 살 만한 가치를 넘어 현현한 미타천국(彌陀天國 아미타 부처님이 계시는 곳으로 온갖 근심이 없고 즐거움만 가득한 세상)이 될 것이다. 한 나라가 바로 서려면 그 나라 통치자가 바로 서야 한다. 오늘 우리 사회를 보면 그 어느 때보다 갈등, 편견, 진영 이데올로기에 빠져 있다.

대한민국의 헌법 가치는 엄연한 자유민주주의 공화국이다. 그럼에도 온갖 비리는 제쳐두고라도 사회주의 사상 투쟁으로 감옥까지 갔다 왔고 심지어 그것을 반성도 하지 않는 그런 사람을 법을 통괄하는 법무장관에 앉히겠다, '하겠다.' 하는 발상이 웃긴다 하지 않을 수 없다.

이제는 결실의 계절인 만큼 대통령과 정부 여당이 나라가 바로 서고 국민을 편하게 해서 슬픈 가을이 아니라 결실의 기쁨을 함께하는 계절이 되었으면 좋겠다. 그러기 위해서 가장 힘이 있는 대통령을 지키자고 촛불 들거나 서초동 법원도로 사람 좀 모아 놓고 대전 인구 150만보다 많은 200만 촛불시민 어떻고 하는 반혁명적 발상을 버리기 바란다.

주권의 시대

쇄신단폐단 刷新斷弊端
전국주권난 全國主權難
남녀연평등 男女然平等
환래본처환 還來本處歡

쇄신이 폐단을 끊어내니
온 나라가 주권으로 혼란하다
남자 여자는 평등이 분명해서
본래의 자리를 찾은 기쁨일세.

세상은 돌고 돈다는 말이 실감난다. 조선시대만 해도 법으로는 평등해 보이지만 남존여비(男尊女卑)의 사상이 그 시대의 흐름이었고 그 흐름이 불과 얼마 전까지만 해도 미약하나마 이어져 오다 지금은 거꾸로 여성 중심 사회로 변화해 오늘에 이르렀다.

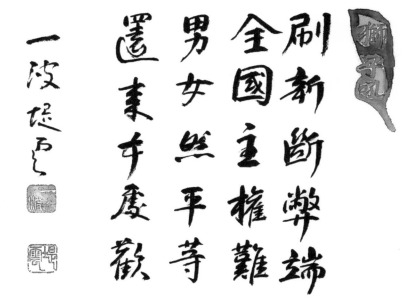

刷新斷弊端
全國主權難
男女共平等
遍束千慶歡

一汶恕石

129

마침 민주주의를 찾아가는 시점과 맞물려 사회는 무척 혼란하다. 이것이 이 시대 우리에게 주어진 사명이라면 그것은 국민의 개개인의 주권을 찾아가는 운동으로 봐야할 것이다. 떠도는 말로는 남자는 화성에서 오고 여자는 금성에서 왔다고 한다. 이 말은 여자와 남자는 같은 사람이면서도 많이 다르다는 뜻으로 이해하면 된다.

동양의 사상으로 보면 여자는 음에 속하고, 남자는 양에 속한다. 양에 속하는 남자는 매우 돌출적으로 마치 바람과 같다면 이에 반하는 여자는 풀잎과 같아서 바람이 불면 몸을 낮추다가 바람이 자면 고개를 든다.

우리 사회는 아직도 개선해야 할 문제가 산적하다. 헌법이 공포되고 삼권이 분리된 지도 언 70년이 되었지만 아직 민주주의가 자리 잡지 못하고 사회 지도층의 도덕적 해이가 국민으로부터 불신당하는 시대상이다. 전임 노 대통령이 스스로 목숨을 끊어야 하는 아픔을 누구보다도 실감해야할 후임 대통령이 그것을 넘어서는 반국민적 행태는 비난받아 마땅하다.

한 시대가 어떻게 흘러가느냐는 정치인들의 역할이 크다. 정치가가 국민의 신뢰를 얻어야 사회가 안정되고 국민들이 행복하다. 문제는 정치인들이 어떤 사태가 일어나면 반면교사(反面教師)가 어떻고 하면서 자신들을 감싼다.

이번에 구속을 눈앞에 둔 이명박 전 대통령은 국민 앞에서는 자신의 봉록을 반납하고 재산도 법인으로 묶는 모습을 보여 왔다. 하지만 결과적으로 야누스Janus처럼 두 개의 얼굴로 국민을 속였다. 국민을 속인 죄는 그 어떤 죄보다 중죄에 해당된다.

그는 3월 23일 새벽 0시경 구속이 됐다. 구속을 염두에 둔 글을 페이스북에 남겼는데 과거에 자신이 한 말과는 사뭇 다르다. "새빨간 거짓말…" 등을 외쳤던 그 말과는 다르게 자책(自責)이라는 말을 했다. 자책이라는 말은 스스로의 잘못을 알고 자신을 꾸짖는다는 말이다.

그런 말을 뉴스를 통해 들은 국민들은 어떤 마음일까? 배신감, 허탈, 그리고 국민으로서 창피한 마음까지 들지 않을까?

불교에서는 자비사상을 내세운다. 자비사상은 곧 불성(佛性)이다. 불성은 준동하는 생명체가 모두 불성이 있다고 보기에 모든 생명을 존귀하게 여긴다. 그것을 실천한 중국의 선승 임제(臨濟)는 "차별 없는 참사람"(無位眞人)을 외쳤다. 인간은 모두가 존귀할 뿐 차별을 두어서는 안 된다는 뜻이다.

오늘 우리 사회는 주권의 시대를 선포했다. 즉 인간성 회복 말이다. 그것이 바로 Me Too다. 이런 운동이 자리를 잡아 우리 사회 지도층의 위치에 있는 사람들은 노블리스 오블리제Noblesse oblige를 명심하길 바라는 마음이다.

선조후계(先弔後戒)

하기로구 **何其勞求**
궁극개허 **窮極皆虛**
본래유무 **本來有無**
일점설로 **一點雪爐**

무엇을 그토록 애써 구하려 하나
끝내는 다 부질없는 것을
본래 있다 없다 함이
화로에 한 점 눈방울인 것을

선조후계란 앞서간 분을 조의하고 후인에게는 경계를 말한다. 서산
대사는 "산다는 것이 한 조각 뜬구름이라 했고 죽음은 한 조각 뜬구름이
사라지는 것"이라고 인생을 비유했다. (生也一片浮雲起 死也一片浮雲滅)

이번 서울시장 박원순의 죽음을 보고 참으로 마음이 착잡했다. 그는

先弔後戒
何其勞求
窮極皆靈
末有多
一點雪爐

누구보다도 열정적으로 한 생을 살았고 그렇게 마무리했다. 그의 고향 창녕은 낙동강물이 흐르고 화왕산이 있는 명지라 할 수 있는 아름다운 곳이다. 그는 그곳에서 유년을 보내며 큰 꿈을 길렀고 그것을 이루었다. 그의 행적을 보면 남달리 선구자적이었다. 참여연대 민변 희망제작소 등을 직접 설계하고 만들었다. 그리고 우리나라 최초 민선 3선을 한 서울시장이다.

그렇게 왕성한 행적 중에는 많은 사람들로부터 지지도 비난도 따른 중심에 있었다. 그를 보내고 보니 당대의 고승 경봉 스님의 말이 생각난다. "인생은 연극이다. 멋진 연극 한 번 하고 가라." 했고, 중국의 고승 동산 양개(洞山良价)는 자신을 향한 소회(所懷)에서

명리도 구하지 않고 영화도 구하지 않습니다. (不求名利不求榮)
다만 이 생을 인연 따라 살아갈 뿐 (只麼隨緣度此生)
세 마디 기운 소멸될 때 누가 주인이며 (三寸氣消誰是主)
백년살이 마친 후 이름마저 부질없거늘 (百年身後謾虛名)

권력이란 힘이 있는 자리라 해서 많은 사람들이 그것을 탐하지만 수행자의 분상에서 보면 그저 무상할 뿐이다. 그 자리는 힘을 쓰기도 하지만 늘 위태로운 자리이기 때문이다. 오르지 않으면 떨어질 일 없을 것을 준비되지 못하고 그저 높이 오르려고만 하는 우리들에게 많은 교훈을 준다.

"기러기가 하늘 높이 날자 모래밭에 자국을 남기고 인간이 황천에 감에 그 집과 이름을 남긴다."(鴻去天末飛沙跡 人去黃泉在家名)라고 하지만 집을 남기고 이름을 남긴다는 생각도 부질없는지도 모른다. 과거에는 그랬다. 그러나 오늘 우리들 생각은 많이 바뀌었다. 문명국 미국의 부호들도 살아생전 부를 나누려 하지 누구를 위하여 사후를 생각하지 않는다. 우리나라 최고 재벌도 자식에게 대물림하지 않겠다고 말하지 않던가?

불꽃이 한창 타오를 때에는 그 불꽃을 끄기 어렵다. 오늘 우리 사회 다양한 삶을 살아가는 젊은이들을 보라. 그들의 열정적 불꽃을 누가 꺾으랴. 그 불꽃은 스스로 제어되었을 때만이 가능하다. 전직 대통령 노무현도 그랬기에 그의 무덤도 그렇고, 박원순도 생전 어느 기자와 인터뷰에서 "아무도 알아주지 않길 바란다." 했다. 난 이 말을 듣는 순간 박원순의 불꽃이 지고 있다는 것을 알 수 있었다. 내가 가끔 인용하는 말이지만 증자(曾子)는 "새가 죽을 때 그 소리 구슬프고 사람이 임종에 이르면 거짓이 없고 진실 되다." 했다.

이번 서울시장의 죽음에서 우리가 생각해야할 것은 높이 높이만 오르려 말라. 그래도 오르려 하는 사람은 오른 만큼 미리 마음의 준비를 해야 한다. 권력은 많은 사람들로부터 지지와 성원이 따르는 만큼 사욕으로부터 해방되어야 한다. 사욕이란 사사로운 욕심으로, 권력자이기에 가능한 욕심은 모두 사욕이다. 안희정 씨가 그랬고 오거돈이 그랬고 박원순도 그것을 멀리하지 못했다. 마음의 준비란 바로 이런 것이다.

삶의 의미를 생각하다

인생불식약춘몽 人生不識若春夢
거세무정사촉풍 去歲無停似燭風
만유영장공고사 萬有靈長空苦死
수론극락천당종 誰論極樂天堂從

인생은 알 수 없으니 봄날 꿈 같고
가는 세월 멈추지 못하니 바람에 촛불 같음이라
만약 사람들에게 괴로움과 죽음이 없다면
누가 극락을 말하며 천당을 좇을까?

그토록 추웠던 날들도 다 가고 이제 봄이 막 시작되는 첫걸음이다. 이럴 때는 새로운 시작을 위하는 마음을 가져야겠지만 왠지 모를 불안감이 가슴을 무겁게 한다.

고래로부터 시인묵객들은 봄을 맞아 기쁨과 희망을 찬양했지만 이번

人生不識若春夢
去歲無停似燭風
芳有靈長空苦死
誰論極樂天堂從

戊戌雨水後三日
一波堤正言

에 오는 봄은 "봄은 왔지만 봄 같지 않다."(春來不似春)라는 말이 실감난다. 특히 내가 사는 포항에서는 작년 11월 15일 5.4의 지진이 일어나 많은 피해를 낳았고 시민들이 불안해했다. 이런 불안의 트라우마가 채 가시기도 전에 2월 11일 새벽에 다시 4.6의 여진이 다시 시민들에게 충격을 주었다.

지진이라는 것이 자연의 변화 과정으로 우리의 의지와는 관계없는 두려움이지만 며칠 전 뉴스에 한국의 가계부채가 위험수위를 넘어섰다고 한다. 2007년 미국의 주택버블이 빚은 금융사고와 비슷하다는 멘트는 우리를 다시 불안하게 한다. 현재 한국의 가계부채 증가 속도가 세계 3위고 신흥국으로는 1위다. 이런 경제뉴스는 국민들을 불안하게 한다. 정부는 주택정책과 가계부채 문제를 심각히 봐야 할 일이다.

이 글을 쓰는 필자도 세상살이 할 만큼 했지만 지금의 변화에 적응하기가 매우 어렵다. 어디서부터 시작되고 어디쯤 가서 끝이 보이는 그런 상황이 아님이, 오늘의 현실이라는 것을 생각하면 세상살이가 두렵다 하지 않을 수 없다.

이런 세상을 살다보니 인생에 대한 의문은 더하고 답을 찾기는 어렵다. 그것이 봄날 꿈 같은지도 모른다. 봄이 오면 만물이 기지개를 펴니 훨훨 날 것 같지만 봄은 짧은 계절이다. 생각하면 짧은 봄날의 잠깐 꾸는 꿈이 인생의 현재면일지도 모른다.

봄이 인생길에 있어 사춘기 쯤이라면 여름은 청년기가 된다. 이 청년기는 마치 긴 꿈을 꾸는 것 같아서 꿈을 길게 꾸게 되면 꿈속에 빠져 현실을 망각한다. 이것이 젊은 청춘기다. 그러나 나이가 들고 많은 세월을 경험하다 보면 세월이 야속하기도 하고 무섭기도 해서 언제 무슨 일이 일어날지 몰라 마치 바람 앞에 촛불처럼 위태함으로 살게 된다.

우리에게 만약 고통과 죽음이 없다면 얼마나 좋을까만은 그런 생각은 사치다. 왜냐하면 모든 존재하는 양상은 영원을 주지 않음으로 해서 자연은 영원하다. 이것까지 이해하기가 쉽지 않다. 우리가 다 아는 육십갑자는 인생이 태어나 한 바퀴 도는 60년의 시간을 뜻한다. 이 육십 년이 지나봐야 인생이 뭔가 하는 것을 조금은 이해가 된다.

조선시대 술을 '말'로 마셨다는 진묵(震默) 선사의 '시' "自嘆"에서 "마음껏 취해 일어나 춤추나, 소맷자락이 곤륜에 걸리는 것을 꺼린다."(大醉居然仍起舞 却嫌長袖掛崑崙)라는 이 시를 보면서 참 중다운 말씀이구나 하는 생각을 한다. 곤륜이 뭔가? 티벳 지방이면서 중국 서북쪽에 있는 전설의 산이며 현존하는 명산이다. 티벳인들은 이 산에 생전 올라가길 원한다. 이 산에 올라가야 그들이 바라는 이상세계에 갈 수 있는 티켓을 구할 수 있기 때문이다. 그럼에도 진묵은 곤륜에 자신이 있길 원하지 않는다 했다.

출가수행자는 지옥에 갈지라도 중생을 극락세계로 인도하고자 하는 그 서원이 진정 출가요, 도를 구하는 근본이니까? 만약 우리 중생에게 괴로움과 죽음, 이런 것이 없다면 극락도 천당도 없고, 따라서 지옥도 없다. 그러나 음지가 있음으로 양지의 가치를 알 듯 만약 고통이 없다면 즐거움도 없다는 사실이다. 그러니 주어진 현재가 힘들지라도 이것이 인간의 행복을 만들어 주는 약이라는 마음을 가지면 좋겠다.

봄이 그립다

미절시래절대래 **未節時來切待來**
삼년정부무신민 **三年政府無信民**
생난불탈잠위국 **生難不脫潛危國**
백성인군원구순 **百姓人群怨舊巡**

때는 아직 이르지만 봄맞이 간절해
정부 들어선 지 3년 국민에 믿음 주지 못하고
생활고에 나라마저 위태하니
국민들이 과거로 돌아갈까 원망하노라

새정부가 3년차에 들어섰다. 지금 이 글을 쓰는 때는 새해가 밝은 지
10일이 지나 소한은 지났지만 아직 대한은 오지 않았다. 봄을 기다리는
것은 이르다.

단순히 날씨가 추우니 봄을 기다린다는 것이 아니다. 시기를 보더라

未雨名防時
來切結
妻三年
政府無
信民生
難不脫
潛危國
百姓人
群怨舊
巡

想念妻妻
己亥初妻

一波塘

142

도 지금은 온 누리가 동토(凍土)다. 얼어붙었다는 말이다. 인간은 아무리 날씨가 춥다 해도 견딜 수 있다. 이것이 동토(同土)다. 동토는 함께 살아가는 세상을 말한다.

현 정부는 "포용"이라는 기치를 내건다. 과거 "이 땅에 봄은 오는가?"라고 구국열사들의 외침이 있어 해방이 되고 제헌국회가 들어서 민주국가의 틀을 갖췄지만 실상은 그렇지 못했다. 해방 후 반세기가 지나도록 민주라고 외침은 있었지만 시대는 암울했었다.

오늘 우리 사회를 보라. 정권이 바뀌니 살아있는 권력은 손대지 못하고 죽은 권력에 칼을 들이댄다. 지난 역사를 보면 칼자루를 내려놓은 적의 수장에게 칼을 함부로 쓰지 않으려 했다. 오늘의 현실을 보면 사법부는 정권에 휘둘리지 않는 독립성을 강조하지만 새정부가 들어서고 새 사법부 수장이 들어섰지만 스스로 개혁하고 자정하지 못하고 행정부에 투항한 꼴이 되고 말았다. 이 말은 스스로 정권의 시녀로 전락했다는 말이다.

이 땅에 민주주의가 제대로 자리 잡기 위해서는 어떤 정권이 들어서건 관계하지 않는 삼권분리의 원칙에 서야 한다.

현 정부의 기치는 소득주도 정책이다. 소득주도 정책이란 것이 요란하기만 하지 실익이 없어 국민의 신뢰를 받지 못하니 그 말은 쏙 빼고 "포용정책"이라는 말로 바꿔 부르게 되었다. 문제는 그토록 자신감에 찬 새 정부가 촛불민심을 외쳐 됐지만 국민의 삶은 갈수록 희망이 보이지 않는다.

뿐만 아니라 나라도 위태하다. 곧 북한 핵이 해결되고 이 땅에 평화가 올 것 같았지만 평화는 요원하고 국가도 위태하다. 북한은 여전히 핵을 증강하고 있고 이웃나라와 간격 또한 멀어지고 우리의 안보와 국익의 동반자라 할 수 있는 미국과도 틈이 생기고 있다. 언제 서로 등을 돌리게 될지도 모를 불안감만 증폭되어 가고 있는 현실이다.

현 정부가 그토록 공들이는 평화는 도무지 믿음이 따르지 않는다. 우리 국민 누가 생각해도 지금의 상황을 보면 북한이 핵을 포기하기는 어렵다고 할 것이다. 이러한 현실을 직시해야 한다. 북한은 지난해 한 때의 위기를 넘기고 지금은 중국과 밀착하면서 자국의 이익을 위해서 국제사회와 흥정하려 하는데, 우리는 미국과도 리스크가 생기고 이웃나라 일본과도 소원해지고 있으니 이 나라 앞날이 암울하기만 하다.

바라건대 현 정부는 말로만 포용하지 말고 진실로 국민들을 포용하라, 지금까지의 포용은 자기 사람 포용하기에만 전념하지 않았나 하는 생각이다. 이러한 정부 행태로 현 정부의 불신이 과거 정부의 향수로 되돌아가지 않을까 하는 원망이 두려울 뿐이다.

가야산 인연

가야산정 **伽倻山頂**
명호중원 **名號中元**
동남길지 **東南吉地**
법보장존 **法寶藏存**
백간화실 **白幹花實**
홍류선흔 **紅流仙痕**
삼송우경 **杉松優競**
차별곤륜 **此別崑崙**

가야산 머리에 서면
명산 중의 명산이라
동남의 길지요
법보가 상존하고
태백 줄기의 꽃과 열매라

伽倻山頂
名號中元
東南吉地
法宝藏存
白幹花寶
紅流仙痕
杉松優競
此別嵐崙

這念伽倻山
海印寺
一龙雄？

146

신선이 노니는 홍류계곡
솔과 삼나무가 우월을 다투어
이곳이 곤륜의 별지로세.

가야산은 태백산과 소백산으로 이어져 덕유산을 이루고 본 줄기는 지리산을, 또 다른 줄기가 대덕산과 수도산을 거쳐 가야산을 이루었다. 동남으로는 낙동강의 본류인 황강(黃江)을 굽어보며 정상(象王峰)에 올라서면 서쪽으로는 덕유산, 남으로는 지리산이 보인다. 정상을 이루는 뾰쪽한 암석(石火星)이 불꽃이 어우러진 것 같은 아름다운 명산으로 홍류동(紅流洞) 계곡이 수십 리에 펼쳐져 장관을 이룬다.

이러한 명지에 해인사가 있다. 해인사는 서기 766년(혜공왕2년)에 순응(順應)에 의해 창건된 절이다. 우리나라 3보 사찰 중 하나로 법보(法寶)에 속한다. 법보란 진리의 보배라는 뜻으로 팔만대장경이 모셔져 있기 때문이다. 해인사가 명찰이라면 가야산 역시 명산이다. 사람들 입에서 해인사가 유명한 건 가야산이 있기 때문이라 하고 가야산이 유명한 건 해인사가 있기 때문이라 한다. 해인사가 창건된 이래 7번의 대화재가 있었지만 보고 중의 보고라 할 수 있는 팔만대장경이 화마로부터 보전될 수 있음을 생각하면 가야산은 명산이요 명지라 하지 않을 수 없다. 설사 화마를 피했다 할지라도 나무로 조각한 경판이 잘 보존될 수 있는 환경이 아니면 어찌 오늘처럼 경판이 보존될 수 있을까를 생각해 봐도 답은 명산이요 명지요 길지다.

해인사와 나의 인연 또한 깊다. 1972년 6월에 해인사로 입산 출가했기 때문이다. 출가 전 날 밀양 단장의 관음사에서 하루를 유숙하는데 그날 밤 용이 하늘을 승천하는 꿈을 꾸었다. 관음사는 양산 통도사의 말사로 신행(信行) 스님이 주지로 있었고 행자(행자. 예비승)가 있었는데 그날 밤 행자와 함께 잤다. 꿈속에서 함께 잠잤던 행자와 절 도량을 서성이다 눈에 뱀이 보였다. 내가 행자에게 뱀을 보라고 가리키는 순간 뱀이 하늘로 승천을 하는데 그 길이가 20M정도로 보였고 몸 중간에서 앞머리 사이로 발이 보였다. 용꿈을 꾸고서 아침에 일어나 밥을 먹고는 곧장 해인사를 향했다. 당시에는 가진 것은 빈 몸에 허름한 작업복 밀짚모자와 작은 가방이 전부였다. 해인사를 가기 위해서는 고령을 향해 걸었다. 고령을 지나 해인사에 이르러 종무소에 들리니 종무소의 소임(所任)스님이 나에 대해 묻고 답하는 중에 팔만대장경을 다 읽고 알지 못하고서는 아는 체 말라 했다. 생각을 해보면 스님의 자만심과 자긍심이 같이 묻어 있는 것 같았다. 그렇게 해서 해인사에 행자로서 잠시 머물다가 팔공산 동화사에 경산(京山) 스님이 문무관(門無關. 도봉산 천축사에 있는 특별선원. 한번 들어가면 6년 동안 문밖을 나오지 못함)에서 5년의 수행을 마치고 동화사로 와 계신다는 소식에 곧바로 동화사로 왔고, 그해 경산 스님을 스승으로 득도수계를 했었다.

나는 수행자며, 문인승으로서 해인사를 생각하면 떠오르는 문인이 있다. 그는 12살에 서라벌을 떠나 지금의 서해바다에 작은 배를 타고 중국으로 건너가서 유학을 했던 고운(孤雲 崔治遠) 선생이다. 그가 중국에서 갖은 고생을 하며 공부를 하다가 24살에 중국에서 벼슬을 얻어 생활하다 28살에 신라로 돌아와 조정에서 벼슬을 하고 이어 전라도 태인 태수 등을 거치며 살아가다가 41살 되던 해에 벼슬을 버리고 가족과 함께 가야산으로 들어오게 된다. 그 후로는 뚜렷한 기록이 없지만『삼국사기』『택리지』『동국여지승람』 등에서 간접적으로 기록을 추정해볼 수 있는데, 서기 904년 그의 나이 47살 때 해인사 화엄선원에 은거하면서 「법장화상전」「부석존자」 등을 집필한 기록이 있다. 그 뒤로 몇 년 후 51살 이후 그의 행적이 묘연했다. 그는 삿갓과 신발을 남겨둔 채 행적이 끊어졌다. 훗날 해인사 스님들이 그의 영정을 그려놓고 그를 추모했다고 전한다.

최치원은 신라의 대문장가로 원효의 아들 설총과 함께 추앙받는 인물이다. 다만 그의 호 고운(외로운 구름), 해운(海雲. 세상의 뜬구름)이 말하듯 세상살이가 힘들고 외로웠음을 알 수 있다. 특히 외로움을 많이 가지지 않았나 하는 짐작을 해본다. 외로움이란 같은 상황에서도 외롭게 받아들일 수도 그렇지 않을 수도 있다. 여기서 그의 행적을 따라가 보면 12살 어린 나이에 풍랑이 심한 큰 바다 작은 배에 몸을 실어 타국으로 간 것도, 타국에서 유년생활 중에 4년간이나 전쟁에 참여해 목숨을 부지했던 일, 타국에서 작은 벼슬을 얻어 살아가야 한 일, 고국에 돌아와 치열한 삶의 연속이 그를 외롭게 할 수도 있겠다는 짐작이 든다. 그가 남긴 대표적 시 한 편을 들어 보자.

추야우중(秋夜雨中 가을 밤 비 내리는 가운데)

추풍유고음 秋風惟苦吟

세로소지음 世路少知音

창외삼경우 窓外三更雨

등전만리심 燈前萬里心

가을바람이 괴로워 읊어 본다

세상은 나를 몰라주는데

밤은 깊어 창밖에 비가 내리고

등불 앞 마음은 만리를 달린다.

봄을 맞아서

매견래춘세상미 梅見來春世上迷
관이녹생약우니 官怡祿姓若牛泥
두타빈도제운락 頭陀貧道堤雲樂
무한청풍운부제 無限淸風韻不齊

매화 피는 봄은 왔는데 세상은 혼미하고
관료는 녹봉에 취하고 백성은 진흙 소 같아
청빈한 수행이 제운의 즐거움이요
맑은 바람은 무한한데 곡조가 가지런 않구나.

요즘같이 나라가 혼란할 때가 또 있었을까 하는 생각이 든다. 나라 안
팎이 혼란해서 마치 안개 속을 걷는 것처럼 혼미하다. 민주주의 외쳤던
시절이 그 언제인데 아직도 이념의 프레임을 벗어나지 못함이 안타깝다
인간의 내면에 대해 『기신론』(起信論) 별기에서 원효 스님은 우리들의

梅兒東美也上避官怡禄姓君牛泥
頭陀貧道延々樂無限清風韻不齊

見書

己亥年素春 一波堂延々

마음에 두 문이 있다고 봤다. 하나는 진여문이요, 하나는 생멸문이다.(一心二門= 眞如門 生滅門) 이 말의 의미를 생각하면 인간의 마음은 무조건 악(惡)할 수도 선(善)할 수만도 없다는 의미다. 『혈맥론』(血脈論)에서 달마 스님은 마음, 마음 찾기 어렵다.(心心難可尋) 했다.

인간의 마음속은 그 무엇으로 재기 어렵다. 그런 까닭에 진보라지만 늘 진보일 수 없고 보수라 해서 늘 보수적이지 않다. 남과 북이 대척점에 있는 오늘 우리들 현실에서 네 편 내편 가르거나 이것만이 옳다, 그르다 한다는 것은 유구한 역사를 가지고, 또한 나아가려 한다면 우리 스스로가 만든 함정에 스스로 걸려드는 꼴이 된다. 이젠 더는 진영의 논리나 극선극악(極善極惡)을 취하지 않았으면 좋겠다.

우리 사회의 한 예로 '내로남불'이라는 말을 하듯 누가 갑질이다. 누가 을이라 할 것이며 누구는 죄인이다, 아니다 할 수 있겠는가? 갑과 을도 그렇다. 작게는 한 가정에서는 아버지가 어머니가 갑이 될 수도 있고 문밖에서는 을이 될 수도 있다. 영원한 갑도 영원한 을도 없다고 본다. 대통령 쯤 되면 무조건 갑처럼 보이지만 그도 어쩌면 백성 앞에 을이기도 하다. 죄인도 그렇다. 죄인에게 벌을 줘야 하지만 우리 사회도 일말의 책임이 따른다 할 수 있다.

돌아보면 지난 봄날이 그립듯이 우리들 인생도 지나고 보면 추억이고 그리움이다. 늦은 감이 없지 않지만 시작이 반이라고, 지금부터라도 서로가 이해하려 들고 서로가 용서하는 마음이 필요하지 않을까 한다.

노자는 『도덕경』에 상선약수(上善若水)라 했다. "최고의 선은 물처럼 사는 것이다."는 말이다. 오늘처럼 각박한 사회구조 속에 물과 같은 삶이 절실하다고 본다. 물은 순리다. 물은 가리지 않고 포용한다. 물은 누구에게도 다 필요한 역할을 한다. 이것이 물이 가지고 있는 특징이다.

봄이라 해서 특별하지 않다. 봄에도 비 오고, 눈이 내리고 천둥도 친다. 이런 현상이 여름 가을 겨울, 별반 다르지 않다. 다만 우리들 심성에서 봄이 와도 봄을 느끼지 못하는 게 문제다.

이젠 봄을 맞이하자 얼어붙은 동토가 해빙이 되어 물소리 요란하다. 마치 떠도는 보헤미안이 광시곡을 지어 찬란하게 연주하며 세상을 읽고 세상을 연주하듯 우리도 그렇게 보다 넓은 세상 속에 주인공이 되자. 이것이 바로 봄을 맞이하는 것일 테니까.

한 생각에 따라

일심정도 **一心正道**
처처무탈 **處處無脫**
일심악도 **一心惡道**
마왕불탈 **魔王不脫**

한 생각 정도로 가면
처하는 곳마다 무탈하고
한 생각 바르게 살지 않으면
마귀 왕 신세를 벗지 못하리.

지금으로부터 40여 년 전 불교신문에서 나온 기사를 읽게 되었다. 편집국장이 인생(岸樹井藤)에 대한 화두를 들고 당대 불교계의 최고승들을 직접 탐방해서 인터뷰했었다. 전국을 돌다 불국사를 들려 조실(祖室)이신 월산(月山) 스님께 물었다. 그가 말하길 "나는 현재 불국사에 잘 있다."

一如不遊夏々無脫
忘惡迎魔子不航

己亥年立夏 一泥齋 題之

는 말로 인생의 물음에 답했다. 기자의 발길은 월래 관음사로 향했다. 그곳에는 남방도인으로 불리는 향곡(香谷) 선사가 선방에서 후학을 지도하고 있었다. 기자는 인생에 대해 물었다. "아이고! 아이고!"로 답했다. 다시 기자의 발걸음은 월정사 조실이며 당대 최고의 불교석학이신 탄허(呑虛) 스님에게 같은 질문을 드렸다. "흐르는 물소리 밤에도 쉬이 없구나." 했다. 다시 기자는 천축산 망월사 조실이신 춘성(春性) 스님을 뵙고는 같은 질문을 드리니 그는 노환이 있어 보였고 누운 상태에서 기자의 질문에 쓴 미소만 보였다.

기자의 발걸음은 덕숭산 수덕사 조실이신 혜암(慧庵) 스님을 찾았다. 당시 스님은 세수가 90정도로 꽤 노쇠한 나이다. 같은 질문에 답하길 "수미산도 방하착하라" 했다. 수미산은 불교의 우주관을 표할 때 쓰는 산 이름이다. 다시 말하면 인생에 대한 질문을 우주까지 놓아버리라는 뜻이다.

인간 세상이란, 곧 사바세계(沙婆世界)이니 사바세계란 인욕(忍慾)을 뜻한다. 인욕이란 참고 산다는 것으로 생노병사(生老病死)를 겪지 않고서야 어찌 살아갈 수 있을까?

그것이 인생길이지만 인생의 길을 알 쯤이면 턱수염이 희끗하고 그쯤 되면 어떻게 살아야 하는지 조금은 알게 된다. 이에 대한 좋은 명언을 공자의 후인(後人) 증자(曾子)가 말하길 "새가 죽을 때 그 소리 구슬프고, 인간이 임종(臨終)에 이르면 진실된다."고 했다.

인간이 제아무리 기세가 높다 한들 태산과 견줄 수 없고, 돈이 많아도 죽음을 살 수 없다. 살다보면 알고 속고 모르고 속으며 사는 것 또한 인생이다.

거짓 없이 진실되게 살면 처하는 곳마다 무엇이 두려울 것이며, 남을 해하거나 나쁜 길 멀리하면 설사 마왕이 앞에 나타나더라도 두려울 것이 없어서 이 또한 인생의 한 모롱이가 아닐까?

일찍이 공자가 경험했듯이 "제아무리 지혜가 뛰어난다 한들 거부(巨富)가 될 수 없는 것, 거부는 하늘이 내리고 잘살고 못사는 건 인간의 노력에 달렸다."고…

그러므로 오늘도 내일도 알 수 없는 인생길을 멈칫 하며 살지 말라. 멈칫이란 마음의 꾸밈 때문에 일어나기에 과거 영산회상에서 법문(法門)하던 석가모니 부처님께서 인간의 진실된 가치를 땅에다 ㄱ 자를 써 가며 깨우치게 해서 배우지 못한 한 사문을 제자로 삼은 것처럼…. 이 또한 사람의 길이요, 인간의 가치를 실현해 보였다고 할 수 있다.

옛글을 읽다 보면 "천하 영웅이라는 자들 동서남북 진흙 속에 누웠네."(天下英雄漢南北東西臥土泥)라고 했다. 제아무리 잘나고 뛰어나도 죽음의 그림자를 피할 수 없으니 오늘 죽던 내일 죽던 사람답게 산다면 한 평생이 후회하지 않으리라.

비 내리는 여름 날

서위수백비 **書爲鬚白飛**
출사지하기 **出舍志何祈**
우중료고취 **雨中寥孤醉**
야심토굴귀 **夜深土窟歸**

글을 위한 삶에 흰 수염 날리고
출가의 뜻 기원 언제였던가
비를 맞으며 쓸쓸히 홀로 취해
밤이 깊어 토굴로 돌아가네.

변화하는 시간 속에 우리는 서있다. 순간순간에 변화해서 영원을 이루고 영원이라 여겼던 것들이 한 순간에 지나가버린다. 어쩌면 인간은 망각의 동물일지도 모른다. 어제 일은 잊고 내일만 바라보는 행진일 수도 있다.

書為鬚鬢白飛
出舍志何祈
雨中寥孤醉
俊深土窟嘶

辛丑年夏日一波堤巴

지금 이 순간도 엄청난 폭발력을 가진 변화가 진행되고 있다. 동토(凍土)를 깨부수고 세상 밖으로 얼굴을 내미는 식물처럼, 인간의 탄생도 이와 같아서 용궁처럼 자궁을 가진 여자의 배는 큰 바다처럼 한 생명이 세상 밖으로 나오기 위해 망망대해에 죽지 않고 헤엄쳐야 겨우겨우 나올 수 있다. 이러한 것들이 자연의 조화고 현상이다.

불과 100년 전 우리나라 수도 서울 인구가 100만이 되지 않았지만 1천만이 넘어선 지 20년은 된 것 같다. 물론 지금도 이 숫자에 머물고 있다. 더 넘어서기에는 공간적 한계다. 댐에 물이 차면 넘쳐 흘러 더 채울 수 없는 것처럼 앞으로 10년이면 어떤 변화가 일어날지 아무도 모른다.

우리가 그렇게 바라던 남북이 하나되어 영국이나 프랑스처럼 될 수도 있고, 북몽(北蒙. Mongolia)과 남몽(南蒙. 내몽고 자치구, 현 중국령)이 합쳐져 러시아와 중국의 중간에서 동북아의 한 축을 이루는 나라가 될 수도 있고, 떨어져 나온 대만과 홍콩이 독립될 수도 있다. 그러한 현상을 이해할 수 있는 것이 바로 아프간 현상이다. 현재의 아프간이 있기까지는 20년간 미국의 군사력이 뒷받침했기 때문이다. 그러한 아프간이 불과 한 달 전 철수한다는 미국 대통령 존 바이든 한마디에 속수무책으로 무너지고 말았다. 아프간 공항은 아비규환이 바로 이런 것이구나 하는 것을 잘 보여 주었다.

이렇게 여름날의 날씨처럼 변화하는 가운데 태풍이 우리나라로 온다는 하루를 앞두고 밖에 나갔다 들어오는 길에 한잔의 곡차를 하게 되었다. 그리고 떠오르는 생각이 "강형! 우리도 머지않아 흰 수염 매만지며 지난날 되돌아보며 쓴 미소를 짓겠지요."라는 편지 글이 생각났다. 정말 그런 것 같다. 흰 수염 매만지며 산 지도 꽤 오래되었다.

그 편지를 보내온 것은 1972년이다. 그해 합천 해인사에 입산하여 행자생활을 조금 하던 차에 명망 높은 경산(京山) 스님이 도봉산 천축사 문무관(門無關 한 번 들어가면 정해진 날이 아니면 나올 수 없는 도량)에서 5년 수행을 마치고 팔공산 동화사에 주지로 오셨다는 말에 그분을 뵙겠다는 생각으로 동화사에 와서 머물 때다.

밖은 비가 내리고 내 안에는 곡차가 내리고 있는 가운데 옛 친구가 보낸 편지에 잠시 회상에 젖어 출가 당시 뜻도 돌이켜보게 되었고 현재 살고 있는 토굴생활도 생각해 보게 되었다. 토굴이라 함은 일반적으로 흙으로 만든 굴이나 집 등을 연상하겠지만 수행승들은 작은 거처를 통칭 토굴이라 한다.

우리는 지금 시시각각 변화하는 삶을 살아가고 있다. 마치 출렁이는 물결 위에 떠 있는 배를 탄 그런 삶이다. 불안정한 출렁이는 물결 위의 배가 바로 운명이다. 물 위에 떠 있는 배는 잘 운항할 수도 그렇지 못할 수도 있다. 지금 같은 전염병(코로나)이 유행하는 때 방콕을 논하고 세상 한탄만 말고 잠시나마 자신을 돌아보는 시간을 가져보면 어떨까? '어제가 오늘 같고 오늘이 어제 같은' 반복되는 시간의 연속이지만….

시대상을 넘어

역질천지회 **疫疾天地廻**
시절역수상 **時節亦殊常**
차국하시비 **此局何是非**
시하윤사월 **時夏閏四月**

전염병이 온 나라에 퍼지니
시절 또한 수상해서
이 국면에 무엇이 옳고 그르랴
때는 윤사월 여름이라네.

　지금의 사조(思潮)는 무엇인가를 생각해 본다. 과거 어려운 시대를 극
복하면서 먹을 것, 입을 것 다 취하지 않고서 이젠 어느 정도 부유한 나
라의 문턱에 들어섰지만 뜻하지 않게 '코로나19'라는 유행병이 찾아왔
어도 국민들은 별로 주눅들지 않는 것 같은 이것이 현재의 시대상인지

疫疾天地迴
時節上殊常
世局何是非
時夏閏四月

一波捉不了

도 모른다.

한 시대는 마치 한 계절과 같아서 겨울이면 추위를 이기려는 다수의 공통점이 있고 여름이면 더위를 견뎌내기 위한 공통점이 있다. 유행하는 질병으로 세계 경제가 위축되고 우리나라도 앞날이 불투명하지만 젊은 날의 의기가 캠프파이어의 불꽃을 더욱 빛나게 하는 것과 같은 오늘을 우리는 살아가고 있다. "이가 없으면 잇몸으로 씹는다." 하지 않던가? 비록 지금 모두가 힘들어해도 극복해야 한다.

한 시대상에 영향을 미치는 권력자는 나라가 암울하고 혼돈이 길어질수록 포퓰리즘에 빠지기 쉽다. 포퓰리즘은 짜릿하고 달콤한 와인과 같아서 한잔 정도면 족하지만 많이 마시면 몸을 망치게 된다.

어느 시대든 공통점이라면 내달리고 멈추기를 반복한다. 과거 정부의 국정농단이란 이름으로 그토록 날을 세운 사람들이 현 정부의 기울어지는 궤도는 왜 바로잡자고 왜치지 못하는지, 쓴 것이 약이 된다 하지 않던가? 그토록 옳고 그름을 따졌다면 지금쯤 한번 되돌아보고, 짚고 넘어가야하지 않을까 하는 생각을 해본다. 세수는 줄어드는데 국채는 하루가 다르게 늘어나지만 그에 대한 냉정한 쓴 소리는 들리지 않는다. 결코 이것은 옳고 저것은 아니다라는 프레임에 빠지고 싶진 않지만 만약 어린아이가 가는 길에 절벽이라도 있다면 어린아이를 보호해야 마땅하지 않겠는가? 다수의 국민들은 어리석을 수 있다. 이 어리석음을 깨우쳐야지 그것을 이용해서는 안 된다.

인간이란 남녀 지위 고하를 막론하고 누구나 한계치를 벗어날 수 없다. 불교적으로 보면 불완전한 궤도에 의해 인간 세상에 왔기 때문이다. 물론 이 지구상에 인간만큼 완벽한 동물은 없다. 그렇다고 인간이 최고라 할 수도 없다. 완벽한 만큼 그에 따른 삶의 리스크도 크다. 가령 이 지구상에 그 어떤 동물이 인간만큼 고뇌할 수 있는가? 괴로워 우는 것도, 기뻐 웃는 것 또한 인간에게서만이 가능하다.

지금 이 글을 쓰고 있는 때가 윤사월 여름이다. 계절의 시간을 말함은 우리에게 승리하는 삶을 얻기 위해서는 때를 알고 행하고 멈춤이 있어야 하기 때문이다. 달마(達磨)는 그 시대상을 극복하기 위해 양무제(梁武帝)가 달마 자신에 대한 물음에 "모른다."(不識)이라 내뱉으며 무제 임금 곁을 떠나 구년(九年)이라는 세월을 묵언(默言)을 통해 전법(傳法)을 할 수 있었고, 그의 후손 육조 혜능(六祖慧能)은 스승의 안내를 받아 탈출하였고 그 과정은 어느 시점 어느 곳에서는 숨고 가고를 반복하여 자신의 법을 펼 수 있었다. 또한 일본의 대표적 사무라이 미야모토 무사시(宮本武藏)는 그의 입지를 얻기 위해 그토록 따랐던 여인 오쑤우를 멀리하였고 어느 포구(浦口)에서는 무가(無可)라는 가명을 쓰면서 때를 기다려 일본 최고의 무사가 될 수 있었다.

지금의 시대상은 암울하고 혼돈할 뿐이다. 그렇지만 입지를 굳건히 하고 때를 알아 멈추고 행할 수 있다면 반드시 이루고자 함을 얻을 수 있으리라는 생각을 해본다.

166

정치인의 역사인식

위정자수위역명 **爲政者須爲歷銘**
정치궁극촉민명 **政治窮極燭民暝**
약사사피충신복 **若私詐彼充身腹**
역사군안불사정 **歷史君安不乍停**

정치하는 사람은 반드시 역사를 새겨야 한다.
정치의 궁극은 국민이 어려울 때 등불이 되는 것
만약 사사로이 저들을 속여 자신의 배를 채운다면
역사는 그들을 잠시도 그냥 편케 놔두지 않는다.

지금의 대한민국은 혼돈의 시대다. 전직 대통령이 4분 중 한 분은 영어의 몸이고 두 분은 전직 대통령 자격박탈 상태고 나머지 한 분은 곧 검찰출두를 앞두고 있다.

일제의 식민통치를 벗어나자 남북이 동족전쟁을 겪었다. 전쟁치고는 참 수치스러운 전쟁이 아닐 수 없다. 그리고 대한민국 정부수립 70년이 된 지금도 혼돈에서 벗어나지 못했다. 이 혼돈의 큰 책임은 정치를 잘 하지 못한 데서부터다. 따라서 국민이 이에 넘어갔기 때문이다. 국민은 마치 흰 천과 같아서 어떤 물감이든 뿌리는 대로 물이 든다.

시간을 과거로 돌려보면 이승만 정권의 3·15부정선거를 비롯한 온통 부패덩어리 나라였다. 그래서 탄생한 박정희 군사혁명정부다. 그 정부가 경제를 부흥하고 국가안보를 공고하게 했지만 민주화의 과도기에서 내분으로 박정희는 그의 부하에게 비참히 무너지게 된다. 그것이 빌미가 되어 전두환 계엄정권이 들어섰다. 여기까지는 과도기적 정부요, 과도기적 사회라 치자. 그로부터 다시 30년이 흐른 지금도 혼돈과 부패가 판을 치고 정치인들이 포승줄에 묶인 장면이 뉴스 판을 달구니 안타까운 일이 아닐 수 없다.

제3공화국부터 민주주의와 정의를 외치던 그 구호는 아직도 버리지 못하고 있다. 언제까지 그렇게 외쳐대야 하나. 이제 그만해도 될 때도 되었건만 우리 사회는 아직도 불신과 진영 나누기로 혼돈에 혼돈으로 이어지고 있다.

이제 다음 달이면 동계올림픽이 평창에서 열린다. 88년 올림픽 이후 30년 만에 우리에게 행운을 다시 맞게 되었다. 이 올림픽에 정부는 남북 단일팀에 공 들이고 있지만 현재 북한의 상황은 남과 북 그리고 세계를 향해 약속한 한반도 비핵화를 무력화하고 핵을 만들어 왔다. 그것으로 전 세계가 제재를 하고 있는 상태다.

남북이 화해하는 것을 싫어할 국민은 없다고 본다. 그러나 우리가 북한에 대해 바로 알아야 하고 또 그에 따른 행동을 보여야 함에도 그렇지 못하다는 데 문제가 있다. 그들은 우리나라에 처음으로 올림픽을 앞둔 1987년 KAL기 폭파를 감행했다. 그 이후도 아웅산테러, 천안함 폭침 등 수많은 일을 저질렀다. 그런 북한을 제대로 알지 못하는지 알고도 무딘 것인지 이해하기 어렵다.

왜, 감옥이 있겠는가? 타이르고 이해시켜서 될 일이 아니라는 판단에 감옥이 있다. 만약 북한이 한 개인이라면 무기징역을 넘어 벌써 사형이 집행되었을 것이다.

머지않아 북한은 평창에서 한반도기를 흔들 것이고 그런가 하면 한편으로는 핵과 미사일의 성능을 위해 애를 쓸 것이다. 그렇게 생각하는데는 60여 년 동안 많이 봐 왔기 때문이다. 이젠 많이 속아 봤으니 우리가 정신을 차릴 때다. 만약 이번에도 속아서 그들의 계획에 말린다면 정말로 국민들은 공허에 빠지게 된다.

지금의 세계는 급박하다. 통계에 의하면 2017년도 대한민국은 GDP 세계 11위요, 수출 세계 7위다. 이것만 보면 우리나라는 선진국에 속하면서 또한 수출을 많이 해서 먹고사는 나라라는 것을 알 수 있다.

그렇지만 나라의 내면을 들여다 보면 2017년도 OECD 35개 회원국과 협력국가 3개(러시아, 브라질, 남아프리카공화국)를 합해 조사한 바에 의하면 삶의 만족도가 31위가 된다. 거의 꼴찌에 가깝다. 세계 행복지수도 56위에 속한다.

이러한 수치상으로 보면 나라의 형편은 괜찮은 편인 데 비해 국민들의 삶의 질은 현저히 떨어지는 것을 알 수 있다. 여기서 정치수준을 더하면 혼돈의 나라라 하지 않을 수 없다. 현존하는 전직 대통령이 4명이 있지만 한 분은 영어의 몸이고 두 분은 자격박탈이고 또 한 분은 곧 검찰에 출두해야할 신세이기에 말이다.

그러므로 우리나라 속담에 과유불급(過猶不及)으로 지나치면 하지 않은 것과 같다는 말이다. 다른 말로는 높이 올라 떨어질 때면 오르지 않은 것보다 못하다. 이 말은 필자가 자주 쓰는 말이다.

정치하는 사람은 먼저 역사를 깊이 새겨야 한다. 정치의 본질은 정치가들의 호의호식하는 것이 아니다. 사심을 버리고 대의로서 국리민복을 실천하는 데 있다. 다음 달이면 평창올림픽이 열린다. 과거 60여 년이 말하듯 북한을 대할 때는 냉정할 필요가 있다. 조금이라도 식견이 있는 분이라면 우려하기를, '북한은 김정은과 그의 추종세력이 사라지지 않는 한 절대로 변하지 않는다고 보고 있다는 사실을 잊지 말기를….

3부 정진(精進)

선악의 경계를 넘어서라

한 소식

산하대지본공처 山河大地本空處
만발무생수비향 滿發無生樹俾香
몰비수우용광무 沒轡水牛熔鑛舞
두두물물비로장 頭頭物物毘盧莊

산하대지가 본래 공한자리
활짝 핀 무생수가 향기 더하고
고삐 빠진 물소가 용광로에 춤을 추니
가지가지 현상이 비로장엄이라네.

이 글은 선시(禪詩)다. 다소 이해하기 어려움이 없지 않다.

수행을 하는 데 있어 그 어떤 대상일지라도 의심(不正)으로부터 비롯하여 긍정으로 넘어 온다. 산하대지라고 보는 것은 현상계의 공감에 지나지 않는다. 근원적으로 보면 무상하고 무아(無我)해서 공(空)의 세계로

山河大地本些處
満發無生樹俥香
没響水牛熔鑛舞
頭々物々毘盧莊

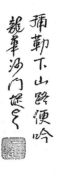

彌勒下山路便吟
龍華沙門揑々

돌아간다.

어찌 무생수가 꽃이 만발하고 그 향기가 더하겠는가? 무생수란 이름하여 나무이지 본시 없는 나무다. 이것은 앞서 근원적 공을 말하였듯이 가상적으로 현상세계를 드러낸 것에 불과하다. 불가에서 쓰는 선적 표현으로 마치 "허공을 삼켜 집을 짓는다."(呑虛宅成)는 말과 같다.

없는 나무가 어찌 꽃피고 향기 낼 수 있단 말인가? 이것이 선의 세계다. 부정에서 긍정으로 돌아오는 과정이다. 선문(禪門)에 들어서면 처음에는 산이 산 아니게 보이고 물이 물 아니게 보이다가 점차 수행이 깊어지면서 현상계를 바로 보게 되는데 큰 거울 앞에 드러나는 현상에서 검은 것은 검은 대로 흰 것은 흰 대로 보이는 것과 같다.

고삐 빠진 물소 역시 어떤 대상에 대한 캐릭터character와 같다. 물소가 용광로에 들어가 춤을 추고 논다는 것은 수행에 있어 어떤 경지에 이르면 어떤 경계라도 그것을 넘어선다는 의미로서 경계에 걸림 없는 자유자재한 경지를 얻었음을 말한다.

그렇게 되었을 때 가지가지 드러나는 현상이 비로자나불의 장엄세계가 된다. 또한 달리 보자면 머리 머리는 현상을 넘어선 세계고 물물은 현상 세계를 말한다. 비로자나 부처는 법신(法身)으로 변하지 않고 영원해서 일체의 더러움과 장단이 없는 환희무구(歡喜無垢)한 청정세계라 할 수 있다. 마치 순금 같고, 금강석 같다.

정리하자면 눈이 어두울 때 세상을 향하는 안목이 분별을 일으킨다면 눈이 밝아짐에 있는 그대로 바로 볼 수 있는 것과 같다. 이것은 부처님께서 영산회상에서 정법안장(正法眼藏)을 설한 뜻과도 같다. 정법안장이란 바른 법을 보는 안목이 갖추어짐으로 이해할 수 있다.

불교는 지혜를 주창하는 종교다. 불교의 기초교리로서 탐진치(貪嗔痴)를 삼독(三毒)이라 하면서 이것을 없애라고 한다. 결국 이것은 무지(無智)에서 나온다. 『반야심경』에서 관자재보살이 깊은 지혜로 수행하니 오온(五蘊. 다섯 가지 쌓임)이 공하다는 것을 볼 수 있는 것과 같다.

이 선시를 짓게 된 동기라면 내가 머물고 있는 용화사에서 가끔 미륵산으로 산책을 하게 되는데, 한 날 산책길에 미래사(彌來寺) 석사자(石獅子. 九山스님 호) 비문을 보다가 편시(便屎) 현상이 일어나는 순간 일체의 의심이 끊어진 채 급히 용화사로 돌아오다 문득 한 소식을 읊게 되었다.

이 글을 발표하기 전 용화사 주지스님과 아침 티타임을 하며 내가 지은 선시를 보이는 순간 이 글은 스님의 오도송(悟道頌)이요 라고 말하기에 나는 순간 역시 오랜 수행을 한 분이라 선지가 깊구나 하는 생각이 들었다. 이럴 때 조주 화상(趙州)과 함께 차를 했더라면 용광로에서 놀고 있는 물소를 찻잔 속으로 불러들였을지도…. 나의 선시에 대한 평가는 시간이 흘러 후인들이 하리라는 생각을 한다.

*조주 화상(趙州) 唐末 선승으로 구자무불성(狗子無佛性) 화두로 선가에 많이 알려져 있으며 그는 사람을 대할 때 주로 차(茶)를 들며 법거량을 많이 한 선승이다.

마지막 모습

본래비조백 本來非皂白
일안청황기 一雁靑黃磯
색망여어락 塞網如漁樂
가가공겁귀 呵呵空劫歸

본래 희다 검다 없건만
한 기러기 청황에 부딪치다
코 없는 그물로 어부 노릇 즐기다
웃으며 공겁으로 돌아가네.

　세상 사람들은 점차 임종이 다가오면 무엇을 남길까, 무엇을 물려줄까를 생각하게 되고 그에 따라서 자식을 위해 재산을 남기고 수의를 장만하고 누울 자리까지 준비를 하지만 불문(佛門)에 사는 사람은 살아생전에 상투도 없고 돌아갈 집과 처자식 또한 없으니 겨우 남긴다는 것이 임

종게(臨終偈)다. 다른 말로는 열반송(涅槃頌) 내지 입적선시(禪詩)다.

인간이 길게 살면 100살인데 대개는 7, 80에 죽는다. 그나마 그 정도 나이에 명대로 산 사람은 다행하지만 명이 짧은 사람은 중도에 죽는다.

열반송에 대해 살펴보자면 3가지 정도를 들 수 있다. 부처님처럼 위대한 분은 교훈이나 당부의 글을 남기고, 수행을 잘하고 돌아가신 스님들 중에는 후학을 위한 유훈을 남기기도 하지만 수행자로서 자신의 진솔함을 드러내 보이기도 한다.

석가모니 부처님 열반송
너희들은 저마다 자신을 등불 삼고 자기를 의지하라
또한 진리를 등불 삼아 그에 의지하라
이 밖에 다른 것에 의지하지 말라
모든 것은 덧없으니 게으르지 말고 부지런히 정진하라.

자신의 모습을 있는 그대로 가감 없이 보인 서암(西岩) 스님은 조계종 종정을 지내신 큰스님이지만 그에게 제자가 한 말씀을 물으니 "그 노장 그렇게 살다 그렇게 갔다 해라"는 이 말이 그대로 열반송이다. 그리고 살아생전 북방도인이라는 소리를 들을 정도로 뛰어난 고승 전강(田岡) 스님 역시 특별히 남긴 열반송은 없다. 다만 그의 제자가 그의 임종에 일러 한 말씀 달라 하니 "무엇이 나고 죽는 고통이냐"(如何是生死苦)라고 했다.

전강 스님의 말씀은 지금도 내 머릿속에 역력이 남아 있다. 아주 오래 전 서울 적조사 주지를 할 때에 불교방송의 고승열전 프로그램에서 내가 스님에 대한 소개를 한 일 때문이다.

우리에게 잘 알려진 중국 선종 달마로부터 6번째를 이은 법손, 혜능(慧能 638~713) 대사의 임종게를 보면 후학들에게 내리는 교훈이라 할 수 있는 말을 남겼다.

올올불수선 兀兀不修善
등등부조악 騰騰不造惡
적적단견문 寂寂斷見聞
탕탕심무착 蕩蕩心無著
우뚝이 선(善)을 행하지 말고
자유롭게 악을 짓지 말라
고요히 보고 들음 끊으면
텅 빈 마음에 집착 없나니.

육조 스님의 열반송이 교훈적이라면 근세 고승 월산(月山 聖林 1913~1997) 스님은 오도송(悟道頌)에 가깝다. 이 말의 뜻은 자신의 깨달음을 보인다고 할 수 있으니

회회일생 回回一生

미이일보 未移一步

본래기위 本來基位

천지이전 天地以前

일생을 돌고 돌았으나

한 걸음도 옮긴 바 없어

본래 그 자리는

하늘 땅보다 먼저니라.

위 시가 오도송적이라면 당대 최고승이라 불리던 성철(性徹 1912~1993) 스님의 열반송은 지극히 인간적인 모습으로 다가온다.

생평기광남여군 生平欺狂男女群

미천죄업과수미 彌天罪業過須彌

활염아비한만단 活焰阿鼻恨萬端

일륜토홍괘벽산 一輪吐紅掛碧山

평생 속인 남녀 무리가

하늘에 닿고 수미를 지난다.

산채로 불타는 지옥에 덜어져 한이 만 갈래라

둥근 해가 붉음을 내뱉고 푸른 산에 걸렸네.

열반송이 가지고 있는 특징으로 자세한 설명은 하지 않기로 했다. 첫

머리 나의 임종선시 또한 사족을 피하려 한다. 훗날 눈 밝은 이가 있어
단박에 알아차릴 테니까.

가을을 맞아

시간아불유 **時間俄不留**
계절변래추 **季節變來秋**
운명주파상 **運命舟波上**
진군일념휴 **眞君一念休**

시간은 잠시도 머물지 않고
계절은 변화해 가을이 왔다
운명의 배가 물위에 떠 있거늘
그대여, 한 생각 쉬어 가세나.

『치문』(緇門)에 "명은 연장할 수 없고 시간은 기다려주지 않는다."(命不
可延時不可待) 했다.

　고요히 앉아있노라면 초시계 소리가 무상(無常)의 노래처럼 들린다.
한 번 가버린 시간은 되돌릴 수 없음은 2228년 전에 죽은 진나라 시황(始

秋間俄不留
季節縵束秋
運命舟波上
真名一念休
戊戌秋節
恕巧し

皇)이 이미 뼈저리게 느낀 바 있다. 그가 최초로 6국을 통합한 중국 최초의 황제이지만 황제의 지위를 누린 건 8년에 지나지 않는다. 그가 그토록 바랐던 생명의 연장은 이루지 못하고 시간이라는 무상살귀(無常殺鬼)의 덫에 걸리고 말았다.

인간이란 순환하는 우주의 한 미미한 개체이다. 그렇게 생멸을 거듭하는 가운데 자연의 변화는 어김없이 찾아왔다. 하늘은 높고 말이 살찐다는 가을이다. 적어도 이 계절만은 땀 흘리며 일해 온 농부들에게는 결실이라는 기쁨을 안기는 좋은 절기다.

온 산은 붉게 채색되고 채색이 물에 이르면 물 또한 채색된다. 따라서 인간의 마음도 채색된다. 그렇게 채색되는 계절이 왔지만 인간은 운명이라는 배를 타고 물결 위에 떠 있다. 물결이 출렁이듯 늘 불안의 연속이다. 어떻게 하면 이 불안으로부터 벗어날 수 있을까 하는 문제를 수천 년 전에도 지금도 궁구하지만 정답은 없다. 정답에 가깝게 접근할 수 있는 건 "환경에 끌리지 말고 스스로 내면의 헐떡임을 만들지 말라"(外息諸緣 內心無喘)라고 1500년 전 동인도의 스님으로 중국에 들어간 보리달마가 그의 제자를 통해 한 말씀이다.

불가에서는 한 생각 쉬라는 말을 많이 한다. 인간은 생각하는 동물이라 생각을 안 할 순 없지만 번뇌를 일으키지 말라는 말이다. 번뇌는 망념(妄念.망상)이라고 하는데 불필요한 나쁜 생각을 하지 말라는 말이다.

만약 인간에게 생각이 없다면 번민 또한 없다. 생각하기에 번민 또한 따른다. 그래서 번민 속에 보리(菩提)다 했다. 보리란 깨달음을 말하는 것으로 이 깨달음이라는 것이 별개로 존재하는 것이 아니라 번뇌 가운데 깨달음이 있다는 말이다. 이 말을 달리하면 중생과 부처가 다르지 않다.(佛與衆生不異)

이왕 깨달음 이야기가 나왔으니 조금 부연하자면 경허(鏡虛) 스님의 오도송(悟道頌)에서 "깨닫고 보니 온 세상이 다 내 집이라"(三千是我家) 했다. 그리고 그는 "야인이 일없이 태평가를 부른다."(野人無事太平歌) 했다. 깨달음이란 이와 같다고 보면 된다. 이 이상도 이하도 아니다. 미처 알지 못한 것을 알아차리는 것이 깨달음이다. 우리들이 잘못 인식하는 데는 도인(道人)이라 하면 신통한 재주를 부릴 것처럼 본다는 것이다. 절대로 아니다. 그래서 돈푼이나 있는 사람들 큰스님 찾아서 겨우 묻는 것이 "큰스님 언제 쯤 제가 좀 풀리겠습니까?"이다. 이에 대해 사주 풀듯 말로 답해 준다면 이 또한 큰스님이라 할 수 없다.

안다는 것에 대하여

안다는 것은 좋게 말하자면 스스로의 자신감에서 나오는 말이다. 또한 알고 있다는 사실을 내세우는 점도 있다. 그렇지만 안다는 것은 자칫 자만적일 수 있다. 안다는 것을 내세울 때면 신중을 기할 필요가 있다. 달마(達磨)와 양무제(梁武帝)의 대화에서 양무제가 달마에게 물었다. "짐을 대하는 이가 누구냐" 달마는 즉시 "모르오"(不識)라고 했다. 과연 그가 알지 못하여 모른다 했을까? 안다는 것 다 떠날 수 있을 때, 안다는 것 다 버릴 수 있을 때, 진실로 안다고 할 수 있다. 하지만 안다는 것을 알지 못하는 것으로 만드는 일 대단히 어렵다. 이 안다는 것이 진정 무엇이냐?

안다고 내세워도 미처 알지 못할 수도 있다. 안다고 한다면 나를 알고 그 후, 나를 잊고, 나를 버릴 수 있을 때 진정 아는 것 아닌가? 불가에서 "도를 깨치는 것이 세수하다 코 만지기보다 쉽다"라고 한다. 이 말을 깊이 음미해 보면 나의 행복은 어디에 찾을 수 있는지 어떻게 해서 만들어지는지도 짐작해 볼 수 있다.

아주 오래된 이야기다. 70년대 초반 입산하기 위해 합천 해인사 종무소에 들렸다. 마침 출가 담당스님을 보게 되었는데 스님께서 나에게 왜 출가를 하려느냐고 물었다. 나는 어린 나이에 꾸밈없이 솔직히 말했다. 생각하면, 해인사를 가기 전 청도 대비사(大悲寺)에 들리게 되었는데 그곳에는 80이 넘어 보이는 노스님이 계셨다. 노스님께서 나에게 "중이 되려는 것은 이 세상에 나와서 자기의 길이나 닦고 가는 것"이라 했다.

나는 이런 기억들을 출가(행자)담당 스님에게 말을 하게 되었고, 나의 말을 들은 해인사 스님은 나에게 말하기를 "팔만대장경을 다 보지 않고서는 말하지 말라…"는 말을 듣게 되었다. 그 순간이야 워낙 엄중한 곳에 엄한 스님의 말씀이라 별로 대꾸 하지 못했지만 시간이 지나도 그때 들었던 말은 썩 기분 좋은 말로 기억되지 못한다.

나처럼 세상이 싫어서 어린 나이에 배우지 못하고 의지할 곳을 찾는 사람에게 그 스님은 자신의 공부가 얼마나 충족한지는 모르지만 자신의 우월감으로 상대를 무시하는 그런 처사가 아닐 수 없다는 생각이 반세기가 가까운 시간이 지났어도 나의 기억에 지워지지 않는다.

불가에서는 안다는 것을 몹시 싫어한다. 얼마나 싫어하면 절 들어오는 문에다 글을 써서 붙였는데, "이 문에 들어오려면 안다는 것, 다 놓아버려라"(入此門來 莫存知解)라는 글을 붙였을까. 그러나 알고 보면 안다는 것을 무조건 배척하는 것은 아니다. 그저 조그만 지해(知解 알음알이)를 내지 말라는 뜻이 들어 있다.

예전에 중국 당나라 백락천(白樂天)이라는 유명한 시인이 있었다. 그가 벼슬을 하여 이웃에 있는 절을 방문하게 된다. 그 절에는 조소(鳥巢. 일명, 도림(道林) 스님이 나무 위에서 새집처럼 지낸다고 하여, 그렇게 불렀다. 백락천 하면 당시 천하가 다 아는 문장가며 또한 불경에까지 조예가 깊으니 그는 그곳의 나무 위에서 수행한다는 스님에 대해 이미 알고서 그 절에 가서 스님을 한번 시험해 보리라는 생각을 가지고 절을 찾았다. 마침 도림 스님이 나무 위에 올라앉아서 참선을 하는지 잠을 자는지 살피듯 나무에 가까이 가서 위를 쳐다보는데, 높이 앉아서 좌선을 하고 있는 것을 보며 "스님! 위험하지 않습니까?" 하니 선사는 이미 그가 누구인지를 알고 역설(逆說)로 "아, 위험해, 위험해" 하였다. 백락천이 말하길 "땅을 밟고 머리는 하늘을 향해 있는데 무엇이 위험하다는 말이요" 하니 다시 도림 스님이 말하길 "마음의 불은 서로 교차하고, 식(識)은 부질없이 출렁이어, 고요할 줄 모르는데 어찌 위험하지 않다는 것이오." 하였다. 이 말에 백락천도 어찌할 바를 몰라 하다가, 말하길 "스님 불법이 무엇입니까?" 하니 "나쁜 짓 하지 않고, 좋은 일 하는 것이오." 이 말에 백락천이 웃으며 "그거야 삼척동자도 다 아는 이야기 아니오." 했다. 이에 도림 스님이 "삼척동자도 다 아는 일이지만, 팔십 노인도 행하긴 어렵지요."라고 말을 하자 그제서야 백락천이 도림 선사의 깊은 뜻을 알게 된다. 그는 자기의 안다는 자만심이 한없이 부끄러운 생각으로 도림 선사의 가르침을 다시 한 번 되새기게 되는데 그 말은 『법구경』(法句經)에 나오는 말이다.

오늘의 심사

초생월고 **初生月孤**
피객막도 **疲客邈道**
생사지몽 **生死知夢**
현고난외 **現苦難外**

초승달이 외로우니
피곤한 나그네 길 아득하고
나고 죽는 것이 꿈인 줄 알았어도
현실 괴롬 외면하기가 힘든다네.

일찍이 신라 승 원효(元曉)가 남긴 말에
막생혜기사야고 **莫生兮其死也苦**
막사혜기생야고 **莫死兮其生也苦**
삶을 버리려 해도 죽기 또한 어렵고

初生月孤
疲客遲道
生死知夢
現苦難外

今日一見

己未年 多多美
一庵齊怀己

191

안 죽고 살려 해도 살기 또한 어렵네.

그 시절이나 오늘이나 인생길은 별반 다르지 않아 2000년 전 둔황(敦煌) 막고굴에서 아미타불 그려놓고 다음 생을 기약했던 그 시절도 오늘과 무엇이 다를까. 인생의 길이란 마치 소나기 오는 길을 나서는 것과 같아서 알든 말든 갈 길은 막막하다네.

영국이 낳은 세계적 보컬 존 레논(john Lennon1940~1980)이 부른 Imagine의 노랫가락을 음미하다 보면, 국가도 없다고 상상해 봐 Imagine there's no countries라는 가사, 이어서 그렇게 하는 것이 어렵지 않다 하면서 죽는 일도, 죽어야 할 일도, 종교 또한 없다는 내용이다. 물론 이건 가정적인 요소를 생각해야 한다. 첫 소절 '상상해 봐'가 그것이다. 그가 이 노래를 통해 전하는 메시지는 오늘을 위해 모든 사람들이 함께 평화롭게 살아가기를 바란다는 뜻이 아닐까?

하필 이런 노래 이런 구절을 가져왔냐고 한다면 오늘 우리 사회, 나아가 모든 나라들의 현재형에 대한 반박하는 논리가 강하게 묻어나기 때문이다. 존 레논이 지향하는 자유와 평화 이런 것과 거리가 점점 멀어져 가는 것 같은 안타까움이다. 그가 세상과 이별한 지가 39년이라는 세월이 흐른 지금 그의 노래는 우리들에게 많은 시사를 주고 있다.

생각해 보라. 인간의 지향점은 '행복'이라는 단어를 멀리하지 못한다. 그렇다면 행복은 어디서 오는가? 잘 먹고 잘 입고 높은 자리 오르고 스마트한 세상을 살아간다면 행복할까? 난 가끔 드라이브 중에 풍치 좋은 외각에 멋진 집을 보면서 저 집에 사는 사람은 얼마나 행복할까 하는 생각을 해봤다.

우리 모두가 알다시피 지나고 나서야 비로소 알게 되는 사실이지만, 지난 젊음이 "아름답고 행복했었다."고 느낀다. 그때의 행복은 물질과 명예, 권력 때문에 느끼는 행복이 아니다. 떨어진 청바지에 통기타 하나면 행복했고, 고급스러운 호텔방이 아니라도 널널한 텐트만 있으면 족했다. 인간의 가치 지향점은 인간 내면의 평화에서부터 온다고 할 수 있다. 앞서 존 레논이 언급한 평화, 그리고 함께한다는 이것이 우리에게 있을 뿐 그 외 모든 것들은 부수적인 것에 지나지 않는다.

나 역시 나이가 들어 고즈넉이 살아가고 있다. 고즈넉이 산다는 것을 토굴이라 하는데 며칠 전 페북Face book에서 펫친으로부터 토굴에 대해 물어 왔기에 "토굴은 절이나 암자 같은 곳보다는 작은, 스님들의 개인처소를 스님들이 토굴이라 한다."라고 답한 일이 있다. 내가 이렇게 살아가는데는 그 나름 이유가 있다. 10대 때에 절간에 들어와서 7, 80년대 한창 세상을 이해해야 하는 시절 치문(緇門 검은 옷을 입고 사는 곳, 즉 수행의 길)에 몸을 의지하다 보니 그 시절 세상을 제대로 모르고 살다가 요즘처럼 토굴생활을 하다 보니 때는 늦었지만 흘러간 뮤지션 보컬들의 명곡을 감상할 수 있어서 좋다.

나이가 들고 세상을 이해할 쯤 비록 몸은 예전 같지 않지만 오히려 세상을 바로 볼 수 있는 눈으로 살아가기에 나는 행복에 좀 더 가까이 갈 수 있다. 내가 한동안 머물렀던 용화사에 템플스테이 팀장으로부터 카톡에 "스님 같은 분이 그렇게 삽니까?" 절도 만들고 좋은 절 주지도 했으면 하는 내용이다. 나는 그 말의 대답을 "강태공이 낚시를 하며 세월을 낚고 있다 어느 날 조정에서 그를 알고 지위를 얻었는데 그때 나이 80이요 그 후 80을 더 살다 가지 않았느냐." 하는 다소 엉뚱한 듯한 답을 준 일이 있다.

이런 말을 하는 나 자신은 무엇을 얻고 무엇에 안주하려는 것보다는 존 레논의 노랫가락처럼 자유롭고 평화롭게 마음의 여유를 즐기는 데 가까운 삶을 지향한다고 할 수 있다.

허공처럼 살라

허공임아세여연 **虛空任我世餘然**
일락서산입정선 **日落西山入定禪**
망성본래여일물 **妄性本來如一物**
법신청정변삼천 **法身淸淨遍三天**

허공처럼 살면 세상이 여유롭고
하루해가 가면 고요한 선정에 들어
번뇌와 자성이 한 물건 같아서
청정한 법신이 온 세상 가득하네.

하늘에 떠있는 구름을 보고 무심(無心)이라 한다. 무심이란 마음이 없
다는 뜻이다. 그 어떤 대상이나 경계에 끌려가지 않는다는 말이다. 오늘
같이 빠르고 바쁘게 살아야 하는 복잡한 사회구조 속에 굳이 허공처럼
살라는 뜻으로 글을 짓게 됨은 인간은 마치 비가 오는 날이면 몸과 마음

이 분주해지는 것과 같다. 비 오는 날에 우산을 쓰지 않으면 비를 맞기는 매한가지다. 우리는 비가 온다는 생각만으로도 몸과 마음이 바빠진다. 쏟아지는 빗속에서는 걸어가나 뛰어가나 옷이 젖음을 피할 수는 없다. 그래서 각박할수록 한 템포를 늦추어 살기를 바라는 마음이다.

세인들이 해가 지면 산에서 내려오지만 산중에 사는 사람은 해가 지면 산을 찾는다. 산에 산다고 해서 각박한 세상을 피해 가는 것은 아니다. 옛날 중국의 선승 현랑(玄郎 673~754)이 그가 존경하는 영가(永嘉 ~712) 대사에게 편지를 보냈는데 내용은 산이 이렇게 좋으니 함께 산에서 사는 것이 어떻겠나? 하는 내용이다.

"영계(靈溪)에 이른 뒤부터 마음이 태연하여 높고 낮은 봉우리에 주장자 짚으며 노니는데 움푹움푹 파인 바위에 먼지를 쓸고 편히 고요히 앉았노라면, 푸른 소나무 파란 연못에 밝은 달이 드러나고 바람이 구름을 쓸 때면 천리 밖이 눈 안에 들어오고 이름난 꽃과 향기로운 과일을 벌과 새가 물어오고 원숭이의 긴 휘파람 멀리 가까이도 다 들을 수 있으며 호미자루로 베개를 삼고 가는 풀로 만든 요를 깔고 생활하는데, 세상은 험악하여 서로 다투니 마음을 통달치 못함이 바야흐로 이와 같으니 시간이 있으면 한 번 방문해 주길 바랍니다."

현랑 스님의 편지를 받고서 영가 스님이 답서를 보내는데

"스님과 멀어진 지 수년이 흘러 소식이 궁금했는데 이렇게 소식을 대하고 보니 다행하다 하고 또한 도체(道體 수행자의 몸)는 어떤지를 묻고는 만약 도를 알지 못하고 먼저 산에 거하는 자는 다만 그 산만을 볼 것이니 반드시 그 도를 잊을 것이요 만약 산에 머물지 않더라도 먼저 그 도를 아는 자는 그 도만을 먼저 볼 것이요 반드시 그 산을 잊을 것이다.

산은 잊으면 도의 성체(性體)가 신심(神心)을 부드럽게 하고, 도를 잊으면 산의 형상이 눈을 어지럽게 할 것이다. 이러기에 도를 보고 산을 잊는 자는 인세(人世)라도 고요하고, 산을 보고 도를 잊는 자는 산중이라도 곧 시끄러울 것이다. 산을 알고 산에서 살아야지 산을 모르고 산에서 도를 구하면 오히려 산에서 지저귀는 새소리 물이 흐르는 소리 이런 모든 소리가 오히려 더 시끄러울 수 있다."

영가 스님의 말을 이해하자면 도라는 것이 환경에 있지 않음을 말한다. 도를 모르고 산에 살아서는 산의 환경이 오히려 공부를 방해한다는 내용이다. 이러한 말이 한국불교에 실제로 행해지고 있다. 스님들이 머리만 깎았다고 다 되는 것이 아니다. 또한 산속에 찾아든다고 되지 않는다. 공부가 되지 않은 수행자가 산이든 그 어떤 환경에서 홀로 수행하는 것을 극히 금하고 있다. 반드시 선지식(善知識)의 가르침을 받아서 공부를 해야 하지만 만약 그렇지 못하다면 스스로 경계에 끌리지 않을 정도로 공부가 되어서 혼자 수행해야 한다고 가르친다.

해가 서산에 지고 나면 고요히 앉아 정(定)에 든다는 것은, 예부터 주경야독이라는 말이 내려오듯 낮에는 열심히 일을 하고 밤이면 쉬게 되는데 수행자는 쉴 수 없다. 특히 산간에 사는 수행자는 세인들이 일할 때 화두(話頭 참선할 때에 정신을 모으기 위한 방편)를 놓지 않는다. 이 화두는 깨달음을 얻을 때까지 계속된다.

일반적으로 일을 마치고 쉬는 시간이지만 수행자는 마치 눈을 뜨고 잠을 자는 고기처럼 늘 깨어 있어야 한다. 이런 현상을 화두삼매(話頭三昧)라고도 하고 또는 정(定)에 든다고도 한다.

불교에서는 인간은 과거와 현재 미래를 통칭하여 108번뇌를 일으킨다고 본다. 간단히 보자면 눈 귀 코 혀 몸 의식(眼耳鼻舌身意)을 통해 6가지 분별(번뇌)을 일으키는데 이것을 삼세를 곱하면 108이 된다. 이 백팔번뇌를 말하면서도 번뇌라는 것이 본시 실체가 없다고 본다. 이 말의 뜻을 이해하자면 불교신도라면 누구라도 다 아는 『천수경』에 나와 있다. 죄라는 것이 자성(自性)이 없지만 마음을 좇아 일어난다. 그 마음이 없어지면 죄 또한 없다(罪無自性從心起 心若滅時兩俱空)는 말이다.

그러므로 선가(禪家)에서는 한 생각 일으키면 번뇌요, 중생이고 한 생각 일으키지 않는 그 자리가 도의 자리고 진여불성(眞如佛性)이라 한다. 이 말을 간략히 하면 번뇌 일으키면 중생이요, 번뇌 일으키지 않으면 부처다. 달마 『혈맥론』에 번뇌 다하는 자리가 깨달음이다(煩惱盡卽菩提)라고 했다. 번뇌와 불성이 따로 있지 않다는 말이다. 그러한 인식이 될 때 청정한 법신이 온 세상(삼천대천세계)에 가득하리라 본다.

세상을 어떻게 살아야 하는가? 세상을 어떻게 바로 보느냐 하는 것은 한 생각 바른 인식에서 비롯한다. 마치 장님이 코끼리를 만지면서 이것이다 저것이다 판별하는 것과 같다. 이런 어리석음으로부터 탈피하면 세상이 바로 보인다.

세상을 바로 본다는 것은 실상 그대로를 본다는 것으로 성철 스님이 말한 "산은 산이요 물은 물이로다."(山是山水是水)가 된다. 큰스님께서 이 말을 하게 된 까닭을 생각하면 세상을 살아가는 데 있어 있는 그대로를 바로 보자는 뜻으로 한 말씀이다.

세상살이에 있어 세상을 이해해야 하는데 세상을 바로 볼 줄 알고 살아야겠지만 혼미한 사람은 바로 보지 못한다. 보기는 보는데 피상적으로 보는 사람이 있고 좀 더 나아가면 피상이 깊이를 본다. 이것보다 더 바로 볼 수 있는 것이 실상(實相)이다. 실상은 실체와 같아서 마치 달의 모양으로만 판단한 것이 아니라 달이 가지고 있는 본질적 요소를 바로 아는 것과 같다.

그러므로 세상을 바로 알고 자신을 바로 알기 위해 깨달음을 구하는 것이다. 오늘 이 글의 핵심이라면 자신을 허공에 계합하는 데 있다. 나와 허공이 둘이 아니라면 각박하다고 여기는 세상을 살아가는 데 큰 도움이 되지 않을까? 다시 부언하면 마음이 허공 같아질 때 마음을 비운 것이 된다.

인생의 지위

인가거기세 **人家居幾歲**

산중속분가 **山中俗分呵**

납자운붕객 **衲子雲朋客**

무관처경타 **無關處境拖**

수행막거주 **修行莫去住**

유일념휴파 **唯一念休波**

입명안심좌 **立命安心座**

진진찰찰하 **塵塵刹刹荷**

인가에서 산 지 몇 해던가

산중과 속세 나눔이 우습다

납자는 구름을 벗하는 나그네

환경에 끌리지 않고

가고 머묾 없는 수행길이여

人家居
義歲山
中俗分呵
衲子雲
朋客岳
閑羨境
拖修竹
莫去任
唯一念
休波立
命安心
座塵々
剎々橋

辛丑年末伏
一波堤匕

오직 세속번뇌 떨칠 뿐
천명을 받아 마음자리 찾으니
온 세상이 연꽃이라네.

인생의 지위를 생각해 본다. 지위란 땅 지 자에 위치 위 다. 위 자를 풀어보면 사람이 서있는 모습이다. 이러한 위치를 선점이라도 하듯 인간은 욕심을 내어 서로 싸운다. 인간이라는 공통점은 나고 죽고 하는 것은 불변이고 생각하는 점이 보편성을 띠면서 차이가 난다. 그렇다고 뛰어난 생각을 가진 사람이 반드시 우월하다 할 수는 없다. 우리 속담에 "사람 나고 대과급제 한다." 했다. 뛰어난 사람은 이미 어느 정도 보장된 의미를 부여할 순 있다. 가령 왕의 지위를 얻은 사람, 이런 사람은 논어에서 말하는 생이지지(生而知之)처럼 타고났다. 지금은 킹덤kingdom의 세상은 지났고 인간 개별주의 재능시대에 이르러.

그럼에도 인간의 지위가 민주주의 시대에도 높낮이는 여전히 존재한다. 인간의 지위를 4가지 정도로 나누어 봤다. 왕관을 쓴 사람과 금관을 쓴 사람, 기능인, 보통 사람이다. 왕관을 쓴 사람은 현재 몇 나라 있긴 하지만 지금으로 평가하자면 대통령이나 그에 버금가는 지위이고, 금관을 쓴 사람은 재벌 정도로 본다. 기능인은 과학자를 포함한 보통 사람이 쉽게 가질 수 없는 능력을 보유한 사람이고, 나아가 보통 사람이란, 벼슬을 하건 말건 무관하게 어느 정도 사회적 경제활동을 하는 사람 등은 모두

보통 사람이라 할 수 있다.

보통이라 함은 사고(思考)의 기준에서 나온다. 한 가정의 가장으로서 남편으로서 그 역할에 충실하고 만족하며 살아가는 사람들이 된다. 따라서 여자도 마찬가지다. 자식으로서 도리, 엄마로서의 도리, 아내로서의 도리에 충실함이 사회적 그 어떤 지위보다 우선한다면 이런 사람은 보통 사람이다.

세상에는 여러 환경이 주어지는데 생이지지처럼 나면서 어느 정도 지니고 태어나는가 하면 태어나서 부단히 자신을 갈고 닦아 입지(立志)를 이루고 그것을 인류에 이바지하는가 하면 좋은 토대를 구축해 줘도 그 가치를 살리지 못하고 사장시켜서 자신도 죽이고 가까운 사람, 이웃, 나아가 국가적 손괴(損壞)를 만드는 경우도 있다.

앞서 말한 그 모든 지위보다 앞서는 것은 스스로의 가치다. 이 가치를 찾고 알기 위해 이 무더운 날씨에도 불가에서 정진하는 수좌(修座. 禪院 등에서 좌선하는 수행승)들이 있는지도 모른다. 이참에 참선에 무엇인가를 조금 설명하자면 바르게 앉아서 마음을 고요히 하는 행위다. 이렇게 말하면 '아! 그 정도야!' 하겠지만 막상 이른 새벽부터 밤 9시에 이르기까지 한번 앉아보면 알 수 있다. 앉아 있다고 그냥 아무 생각 없이 앉아 있지 않다. 화두(話頭, 말머리)를 통해 깨달음의 길에 들어선다. 제아무리 힘이 좋고 건강하다고 해도 초보 수행자는 여름 3달 하안거(夏安居)를 이겨

내려면 방석에 코피를 몇 번이고 쏟아 내야 할 정도로 힘이 든다. 여기서 얻는 깨달음에 앞서 언급한 생이지지가 아니라 닦아서 얻은 지혜라 해서 후득지(後得智)라 한다. 한자가 가지고 있는 지혜라는 지(智) 자가 알 지 자 아래 날 일 자가 붙어 있다. 알 지 자가 근본 지 자라면 날로 닦아서 얻는다 해서 지혜 지 자가 된다.

병들어 공부의 힘을 얻다

고행지토굴 苦行之土窟
시득좌선진 始得坐禪眞
막유시비탈 莫有是非脫
목전경약춘 目前境若春

토굴에서의 고행이
비로소 좌선의 참뜻을 알 수 있었네
있고 없고 옳고 그름 떠나니
눈 앞 경계가 마치 봄날 같구려.

세상 살면서 늘 아쉬워하는 대목이 있다. 이 대목은 죽을 때가 되어도 그대로 남는다. 이것이 무엇인가 하니, 지나고 나서야 비로소 깨닫는다는 사실이다. 이것을 그냥 흘려보내지 않으려고 서양 철학자들이 철학이라는 개념에 경험론(經驗論)을 삽입한지도 모른다. 경험론이란 근원적

苟斤之土窟
始得坐禅真
莫肯是非脱
目前境若毒

以惠為利
庚子年初春
一波堤石書

원리보다는 경험에 기반한 것을 본질로 인식하는 데서부터다.

　나의 수행일지라 할까 고행일지랄까 아무튼 어렵게 행자생활을 마치고 중 된 지 몇 년이 흘렀지만 처음 수행의 문에 들어설 때 원력은 다 어디로 가고 소중한 시간이 지나고 있었다. 그러던 중 몸에 병이 들었다. 소변이 노랗다 못해 빨갛게 나왔지만 얼른 병원에 가서 치료할 처지가 되지 못했다. 가진 것도 없는데다 출가하느라 부모 형제 친척 친구마저 멀어진 판에 내 살자고 주위의 도움을 받긴 싫었다.

　그렇게 긍긍하던 어느 날 강원도 정선의 약수가 좋다는 말을 듣고는 곧장 그곳으로 갔다. 동면 약수탕이다. 약수탕 위 좀 떨어진 곳에 불암사(佛巖寺)라는 산중 절이 막 창건되고 있었다. 창건자는 당시 나의 사형 서암 스님이고 그 창건을 도우는 보살님 한 분과 함께 살고 있었다. 그런 환경에 내가 동참을 했다. 당시엔 서암 스님과 공양주 이렇게 살고 있었는데 공양주보살이 200만 원(1976년)의 사비를 보시하였고 동면 면사무소에서 폭약(다이너마이트)을 지원하여 토굴을 지을 수 있었다.

　이렇게 특별한 환경에서의 만남에 서로에 대한 호칭이 유별났다. 나보다 10년 연상인 사형은 '상사'가 되고 나는 '중사'이며 공양주는 '하사'다. 사형이 나를 부를 때 "어이, 중사!" 그렇게 했다. 그해는 매우 추웠다. 영하 20도를 오르내리는 날씨라 계곡은 꽁꽁 얼어붙었고 방에 군불을 지피면 벽지 사이로 물이 줄줄 흘러내렸다. 왜냐면 벽이 계곡의 돌과 진흙으로 적당히 주물러 만들었기 때문이다.

병든 몸으로 이곳에 와서 살면서 많은 생각을 하게 되었다. 당시 나이는 23살이고 승납 4년차다. 큰 병을 얻어 죽느냐 사느냐 하는 기로에서 나 자신이 지나간 시간들을 들여다보니 참 부끄러웠다. 수행을 잘 못해서 이런 병이 나에게 오지 않았나 하는 생각도 하게 되었다.

그런 마음에서 자신의 수행에 고삐를 다잡았다. 밤 12시가 되기 전에는 허리를 바닥에 눕히지 않겠다는 다짐을 했다. 그러다 보니 추위를 이겨보려고 애를 쓰는 가운데 가끔 무심히 천장을 쳐다본다. 이불이 천장에 두 개의 나무로 된 선반에 걸쳐져 있기 때문이다.

이렇게 큰 다짐을 한 가운데 새벽 4시에 기상을 해서 가파른 절벽에 가까스로 붙어 있는 법당에 예불을 하고 내려와 좌선을 하고 아침공양을 마치면 장작을 팬다. 그리고는 아래 약수탕에 내려가서 물을 떠다가 먹었다. 약수탕은 늘 붉게 얼룩져 있었다. 철분 성분 때문이다. 이렇게 삶인지 수행인지 시간은 흘렀고 어느 새 봄이 오는 소리를 계곡에서 어렴풋이 들려오는 때에 내 몸도 많이 회복되고 마음도 편안했다.

나의 스승(京山)이 "너는 금생에 사람 노릇 하지 마라"는 말도 여기에서 다시금 되새기다 한 날 주왕산 주왕암에 가게 되었는데 주왕암 감원 스님이 나를 대하고 나서 두 가지를 제안했다. 하나는 주왕암에 함께 산다면 조실 대접을 하겠다 했고 하나는 통도사 경봉 선사를 찾아 인가(印可)를 받아보라는 것이다. 인가란 법이 있는 고승에게 인정받는다는 뜻으로 사회적으로 이해하자면 평가받는 그런 정도로 이해하면 된다. 주왕암 감원스님이 나를 볼 때 한 경지를 얻었다고 본 것이다. 내가 한 경지를 얻었는지 않았는지 그건 그때 환경에서의 일이다. 다만 감원스님의 두 가지 부탁에 한 가지는 실행했다. 통도사 경봉 스님을 친견했다. 경봉 스님을 처음 대하니 "왜 왔니"라는 말을 듣고 대답을 했다. 여기서 무슨 말을 하고 무엇을 인정받고 말고 하는 것은 적절하지 않다. 다만 승납 4년차 세속 나이 23살에 일어난 일일 뿐이다.

앞서 이 시가 보이는 의미라면 어떤 일을 경험하고서야 비로소 알 수 있었고 그것이 하나의 동기부여(動機附與)가 되어 주어진 현실에서 모멘텀(momentum)이 된다는 것이다.

그러므로 후회할 일을 만들어서도 안 되겠지만 후회를 너무 두려워하거나 죄책할 일만도 아니다. 인간은 후회하면서 살아간다. 후회하지 않는 삶은 없다. 다만 어떤 일을 경험하고 나서 그것을 계기로 다시금 몸과 마음을 재정비하면 또 다른 삶의 모멘텀(動力)을 얻을 수 있기 때문이다. 눈물 젖은 빵을 먹어보지 않은 사람이 어찌 인생의 참맛을 알 것이요, 죽음의 문턱을 경험하지 않은 사람이 어찌 인간의 생명에 대한 가치를 논할까.

덧없음이여

의여파랑 **意如波浪**
시기불망 **時期不忘**
일성천안 **一聲天雁**
아향세상 **我香世喪**
낙엽부막 **落葉扶莫**
결론무상 **結論無常**

뜻은 물결처럼 일렁이는데
때를 잊지 않으려하지만
외마디 소리 하늘 기러기여
나의 향기는 세상 밖인가
떨어지는 잎새 붙들지 못해
결론은 덧없음이어라.

無常兮無常兮

意如波浪
時期不忘
一聲天雁
我香去外
落葉扶莫
結論無常

己亥年小雪前
堤丙し

212

일찍이 서산 대사(西山大師)는 그의 시 관동행(關東行)에서 "세월은 흐르는 물 같고/ 흥망은 가버린 기러기 같구나./ 천지 밖 소리 높여 읊나니/ 산과 바다가 가슴에 일렁이네." (歲月如流水 興亡若去鴻 高音天地外 山海動胸中)

서산 스님께서는 흐르는 세월을 무척이나 안타까워했고 또한 자신의 가슴속 포부가 산과 바다에 비유하면서 소리 높여 읊조렸는지도 모른다.

화가는 화폭에서 인생을 그리고, 시인은 시를 통해 인생을 읊는다. 이러한 모든 것들은 인생이라는 큰 바다에 마치 노를 젓는 것과 같아서 그 무엇 하나 인간극장이 아님이 없다.

만약 인생의 계절이 있다면 청춘은 봄과 같고, 노년은 가을이 된다. 사람이 태어나 지구상 그 어느 동물보다 더 깊고 더 험한 성장통을 겪으며 성장한다. 이것이, 긴 수명과 긴 영화, 긴 고난을 암시하지 않을까?

그러나 인생이란 때가 있어서 그 때를 놓치면 다시 찾기 어렵다. 이것이 예전 서당에서 훈장이 학생들에게 남긴 "때는 두 번 다시 돌아오지 않는다. 이 때를 잡아 놓치지 말라"(時乎時乎不再來 勿入期時) 했다.

『법구경』(法句經)에 "잠 못 이루는 사람에게 밤은 길고, 피곤한 나그네에게 길은 멀다" 하듯 우리가 사는 세상은 아름답다고 보는 사람도 있고 추하다고 보는 사람도 있다. 이 말에 이렇다 저렇다 할 수 없음은 이성이 발달한 인간이기에 웃어도 웃지 않음을 알고 울어도 울지 않음을 알 수 있기 때문이다. 이것이 인간 개개인에게 주어진 환경이다.

나는 흐르는 강물을 사랑하면서 또 한편으로는 싫어한다. 출가한 사문(沙門)이기 때문이다. 어려서 낙동강 강변에 앉아 꿈을 키우기도 했다. 하지만 강물은 끊임없이 흐르기에 수행의 문에서는 인간의 욕정에 비유한다. 그러므로 수행자는 꿈속에서라도 강물이 마르길 바란다. 강물처럼 흐르는 애욕은 세속적인 것만 아니다. 출가해서 부모 형제 그리고 친구들까지 모두 강물이 된다. 이 강물이 마르고 닳아야 비로소 진정 출가자라 할 수 있다.

깊어가는 이 가을 때론 한 마리 하늘 높이 나는 기러기가 되고 싶다. 그 어디에도 걸림이 없는 철새처럼, 기러기는 철새다. 목적지를 향해 리더는 있지만 일반적인 동물 세계와 다르게 보스가 있진 않다. 먹이를 찾아 4만 킬로미터까지 나는 그 여정이 아름답기도 슬프기도 할 뿐이다.

겨울 나그네

청옥결경원 靑屋抉鯨怨

가가세롱련 呵呵世弄憐

도추무립경 稻秋無立頸

불수동웅편 不睡冬熊翩

자왈생이오 子曰生而誤

기차범성언 其差凡聖焉

고등권익태 高登權盆殆

고안일성천 孤雁一聲天

푸른 집은 원망스럽게 고래를 들먹이니

우습다, 세간은 연민으로 조롱하고 있네.

가을 벼는 고개를 숙이는데

겨울 곰이 자지 않고 나대고 있으니

공자는 생이지지(生而知之)가 틀렸다 말하고

青屋扶鯨怨
呵呵妄弄憐
稻秋無立頸
不睡冬熊翩
子曰生而誤
其羞凡聖焉
高登權益殆
孤雁一聲天
冬容
己亥年冬安居
一波堤丙

216

이것이 범부와 성인의 차이가 아닌지
권력은 높이 오를수록 위태로운 법
외로운 기러기 외마디 소리로 하늘로 날았어라.

늘 이맘때면 다사다난하다. 한 해를 마감해야 하기에 그간 개인은 개인대로 자신과 가계를 돌아보게 되고 나라는 나라대로 국민들의 삶이 어느 정도인가를 판별해서 다음 시즌을 준비해야 하기 때문이다.

요즘 같아선 뉴스를 대하기가 불편하다. 뉴스란 새로운 소식으로 국민들에게 희망이 보이는 내용들로 차 있어도 모자랄 판에 같은 뉴스가 연이어 반복되기 때문이다. 같은 뉴스란 같은 사안이 해결의 기미가 보이지 않기 때문에 의혹이 의혹을 부르는 사건들을 말한다. 촛불정부라고 들어서서 제일 먼저 외침이 '국정농단 적폐청산'이었다. 그런 외침의 정부가 임기 반환점을 돌고 있는 지금에 앞 정부와 똑같은 국정농단 게이트에 휘말리고 그것이 연일 뉴스를 달구고 있기 때문이다.

경제지표는 IMF 이후 최악이니 심지어 1960년대 후 처음 있는 일이라는 지표가 뉴스를 통해 흘러나오지만 인식을 못하는지 부끄럼을 모르는지 청와대는 나라가 잘 되고 경제도 잘되어 간다고 인식하니 식견을 갖춘 사람들은 갖춘 대로 앞으로 일어날 문제의 심각성에 괴로워하고 식견이고 뭐고 모르는 일반 서민들은 당장 생활고가 현실로 괴로워하는 이 마당에 정부 여당이 자기들 추종세력들을 등에 업고 손바닥으로 하늘 가리기를 주저하지 않으니 이 또한 앞으로 이 나라 이 국민들의 걱정이 아닐 수 없다.

　단지부지(但知不知)하면 시즉견성(是卽見性)이라는 말이 있다. 다만 알지 못했음을 알 때 이는 스스로의 성품을 본다는 말이다. 이 정부가 현시점을 제대로 알고 무엇이 문제인가를 바로 봤으면 좋겠다. 앞뒤를 떠나 당장 경제는 어렵고 국고도 비어 가는데 변명을 위한 변명은 국민들을 눈 뜬 장님을 만들려는 것과 같다. 지금이라도 정부는 솔직하게 자기고백을 해야만 새로운 시작이 될 수 있겠지만 그러지 못하면 앞으로의 날들이 심각해서 국민도 나라도 보장받을 수 없다. 위 시에 언급한 공자이야기 "生而知之"는 논어에서 나오는 말이다. 세상에 나오면서 안다는 말이다. 그런데 공자는 평원에서 태어나고 살았던 그가 어느 날 제자들과 함께 길을 걷다가 구양산(朐陽山)을 넘게 되는데 힘들게 산등성이에 오르니 앞에 넓은 바다가 보였다. 공자는 바다를 보면서 제자 안연(顔淵)에게 많이 걷고 산도 넘고 하니 목에 갈증이 난다고 하면서 표주박을 안연에게 주면서 바닷물을 좀 떠오라고 말하자 좀 떨어진 곳에서 한바탕 웃음소리가 나왔다. 그 웃음이 계속 이어지자 공자가 물었다. 배에서 그물을 펼치던 늙은 어부가 말하길, 바닷물은 짜고 비린내가 나서 먹을 수 없다고 하면서 자신이 가지고 있는 호리병의 시원한 물을 공자에게 건네니 공자는 노어부의 친절로 갈증이 해결되면서 미안하고 고마운 생각으로 사례를 하려 하는 순간 번개가 치면서 소나기가 왔다. 이때 노어부가 공자와 그의 제자들에게 고기를 잡아 보관해 두는 동굴로 안내해서 비를 피할 수 있게 했다. 이때 공자가 시상이 떠오른다면서 한 수를 뽑았다.

바람이 바다에 부니 천 층의 물결이 일고(風吹海水千層浪)
빗살이 사장을 치니 만 점의 구멍이 파이누나(雨打沙灘萬點坑)

이 말을 듣는 어부가 이치에 맞지 않는다고 하니 어찌해서 그런가?
공자가 물었다. 노어부가 답하길 "어째서 물결이 천 층밖에 안 되고, 구
멍 또한 만 점밖에 안 된단 말이오." 이 말을 들은 공자는 좀 못마땅한 채
로 물었다 "그럼 노형께서는 어떻게 고치려 하오" 하니

바람이 바다에 이니 층층마다 물결이 일고(風吹海水層層浪)
빗살이 사장을 치니 점점마다 구멍이 파이누나(雨打沙灘點點坑)

이 시에 대해 공자가 찬탄을 하려는데 이번에는 자로가 벌떡 화를 내
면서 "성인이 시를 짓는데 어찌 당신이 적수가 되겠습니까?" 하였다. 노
인이 말하길 "누가 성인이란 말인가?" 물으니 자로가 공자를 가리켰다.
이때 공자가 "자로야, 오만하면 안 된다. 무례하지 말라" 라고 꾸짖었다.
그리고 공자는 성인은 성인의 견식을 가지고 있지만 모든 일에 다 능할
순 없다는 말을 잇다가 제자들을 가까이 모이라 하고는 말하길
"내가 스승으로서 이전에 그대들에게 말한 태어나면서부터 안다(生而
知之)라는 말은 틀린 것이다. 모두들 기억하라. 아는 것을 안다 하고 모르

는 것을 모른다고 하는 것이 바로 아는 것이니라."

  참고로 불교에서는 지혜 지(智) 자를 높이 둔다. 알 지 자가 근본지라면 지혜 지 자는 날 일(日) 자가 붙어 있다. 즉 닦아서 얻은 지라 해서 후득지라 한다. 오늘 시에 공자의 글귀를 넣은 것은 공자의 말대로 아는 건 안다 하고 모르는 건 모른다 해야 하는데 오늘 우리 사회는 그렇지 못하다. 현재 온통 나라를 흔들고 있는 유재수 김기현 우리은행 금융사건은 현재진행형이라 그냥 두더라도 지난 조국 사태를 보면 상식선에서 봐도 잘못이라는 것을 알 수 있는 상태에서 법을 전공했다는 법대 교수가 취한 행태도 납득이 안 가지만 일부 좌파와 그의 추종자들의 행태가 참으로 이해불가함이 안타까울 뿐이다.

나래를 펴자

향송매학인 **香松昧學人**
첨익중생신 **添益衆生呻**
진토휴휴헐 **塵土休休歇**
신광일일신 **神光日日新**

솔향기에 학인은 정(禪定)에 드는데
중생들의 아픔은 더하고
험한 세상 쉬고 쉬어서
마음자리 날로 새로워지네.

속세를 떠난 수행자(學人)는 솔향기 나는 곳에서 선정삼매(禪定三昧)에
드니 무위자이(無位自怡)해서 세속적 관념은 멀어졌지만 험난한 세상(塵
土)은 코로나19라는 바이러스의 유행에 경제난까지 겹쳐 몸과 마음이 움
추러 들었다. 이러한 세상살이를 극복하는 길은 한 생각을 쉬는 것이 극

香松昧学人
添益衆生呻
塵土休休歇
神光日日新

一滴恒亦し

222

복한다고 본다. 한 생각을 쉬면 일체가 고요하다. 그렇게 될 때 마음자리(神光)가 날로 새로워진다.

　해마다 어김없이 꽃피고 물 흐르는 봄이 찾아왔지만 이번 봄은 정말 봄 같지 않은 봄을 맞았고 그렇게 봄은 가고 있다. 자연의 변화는 기후에만 있는 것이 아니다. 전염병이 도는 것 또한 자연의 변화이자 법칙이다. 전 세계가 탄소(carbon)를 줄이려고 애를 쓰고 있지만 탄소는 문명의 이기에서 만들어진 것이다. 문명이 파괴되지 않는 한 탄소를 줄이기는 어렵다.

　지금도 동토의 땅 러시아의 깊은 얼음 층 속에서는 병들어 죽은 동물들의 사체가 바이러스와 함께 공존하는데 지구 온난화로 얼음이 녹으면서 바이러스가 창궐한다고 한다. 지난 2016년 여름 러시아 서부 야말 툰드라에서 기온이 급격히 상승해 시베리아 동토가 해빙되자 휴면 중이던 탄저균이 돌았다. 탄저균은 약 75년 전 죽은 사슴의 시체에서 순록을 통해 현지 유목민에게 옮겨졌고 그 지역은 비상상태까지 선포됐다. 20세기 최악의 전염병이라는 스페인 독감바이러스는 정체가 밝혀지지 않은 채 사라졌다가 지난 2005년 미국령 알레스카 영구 동토 층에 묻혔던 여성의 사체 속에서 다시 발견되었다. 이것은 사체 속에 잠들어 있던 각종 세균과 바이러스가 동토 층이 녹으면서 사체가 밖으로 드러날 경우 다시 창궐할 수 있음을 보여 준다.

이런 현상은 본래 지금의 문명 열기가 식지 않는 한 우리에게 언제든 다시 찾아온다. 불가의 말을 빌리면 "사자는 외부의 침입으로 죽는 것이 아니라 자신의 몸속 세균에 의해서 죽는다." 한다. 생각하면 슬픈 일이긴 하지만 어쩌겠나. 만약 모든 생명체가 병들어 죽지 않고 영원하다면 그야말로 콩시루가 되어 폭발해 버릴는지도 모른다. 마치 달이 차면 기우는 것처럼 말이다.

그러므로 생노병사는 자연의 순리이자 법칙이고 불변의 진리이다. 그렇게 생각하면 무엇을 탐착하고 무엇 때문에 괴로워하는가? 한 사람이 이 세상을 떠남으로 해서 그 자리에 또 다른 중생의 삶이 영위된다는 것을….

올봄은 많이들 움추렸다. 이젠 털털 털고 나래를 펴자! 70년 아니 100년 1000년을 동토에서 숨죽이며 살았던 세균도 크게 보면 중생이 아닐 수 없다. 부처님께서는 "일체 중생이 다 불성을 가지고 있다."(一切衆生實有佛性) 했듯이 준동(蠢動)하는 함령(含靈)은 모두 부처의 실성을 지니고 있다는 말이다.

지금 대한민국은 기로에 서 있다. 최악의 경제악화에다 코로나19 전염병까지 겹쳐 지난 IMF 때보다 더한 어려움을 겪고 있지만 우리는 이것을 극복해야 한다. 조선시대에는 임진란으로 7년간 온 나라가 쑥대밭이 되었지만 그것을 견뎌냈고, 36년간 나라를 빼앗겨서도 참아오다가 해방을 맞아 다시 동족의 피를 흘리게 한 6·25라는 전쟁을 치르고도 다시 번

영을 가져온 저력이 있는 민족이다.

그토록 좌우가 대립하는 속에서 총선을 치렀지만 일본의 우익인사 미시마 유키오(三島由紀夫) 같은 비극은 나오지 않았다. 이 얼마나 다행한 일인가? 이를 증명하듯 현재 대한민국은 세계 4대 종교가 다 들어와 있지만 종교간 충돌은 없다. 이것이 한민족의 저력이 아니고 무엇이랴.

* 무위자위 : 차별 없는 스스로의 즐거움
*미시마 유키오 : 1925~1970 도쿄대학에서 법학을 전공. 가와바다 야스나리의 후계자로 차기 노벨문학상을 바라보던 소설가로 2차 세계대전 후 평화헌법을 뒤엎으라 외치며 할복자살했다.

선지식에게

선지식일막비번 善知識日莫飛幡
굴곡현금직답은 屈曲現今直答恩
세상시시변변화 世上時時變變化
군심만불애곤륜 君心萬不碍崑崙

선지식이여 날로 번만 날리지 말라
굴곡진 현실을 알아야 불은에 보답하리라
세상은 때때로 변화를 거듭해서
그대의 마음이 혹 곤륜에 걸리진 않은지?

선지식이라 하면 수행력을 갖춘 스님으로 한국 불교계에서 큰스님이
라 불리는 대상이다. 기구(起句)에서 번만 날리지 말라는 것은 비유로서
자신의 수행력만 믿고 큰스님 소리 듣는 것에 만족하고 있지는 않는가
하는 문제 제기라 할 수 있다.

善知識曰莫飛幡
屈曲現今直答恩
古上時々變々化
君心蒙不碍岀此嵬

一次惺書

227

굴곡진 현실은 험한 세상을 살아가는 중생 세계다. 수행자는 "위로는 깨달음을 구하고 아래로는 중생을 교화한다."(上求菩提下化衆生)는 기치의 불교 정신이 이 시대의 시대정신을 갖추었느냐 하는 반문이기도 하다.

아무리 수행력이 뛰어난다 한들 중생의 고통을 외면한다면 진정한 득도(得度)라 할 수 없다. 석가모니 부처님이 당시에 차가 있는 것도 아니고 자신의 절이 있지도 않았지만 그는 오직 중생구제를 위해 자신을 돌보지 않았다. 피골이 상접해도 오직 수행과 교화만을 위해 살던 어느 날 수달 장자로부터 거처가 마련되었지만 그는 초심을 잃지 않았다.

이 시대 수행자로서 시대정신을 알고 중생의 고통을 함께할 때 그것이 불은(佛恩)에 보답하는 것이 된다. 진정한 수행자라면 세상의 변화를 읽어야 한다. 예전에 "10년이면 강산도 변한다." 하지만 그 또한 옛말이 되었다. 예전 10년이 지금은 1년도 안 돼 강산이 변하는 세상을 우리는 살아가고 있다.

수행자의 참정신이 자신의 득도보다 중생의 아픔에 더한 무게를 둬야 한다. 그것이 보살의 정신이다. 보살은 지장보살 서원에서 "단 한 명의 고통 받는 중생이 있을지라도 성불하지 않겠다." 하는 이것이 보살의 정신이자 불교의 자비사상이다.

오늘의 불교 현실이 사회로부터 외면받는 것은 수행력을 갖춘 스님들이 자신의 안주에만 빠져들었기 때문이다. 그것이 자신의 영원한 안락을 위해 찾는 곤륜인지도 모른다. 곤륜은 곤륜산에서 줄인 말도 되고,

때론 곤륜만을 쓰기도 한다. 곤륜은 예부터 선승들이 많이 인용하는 글 귀이기도 하다. 곤륜은 불교에서 쓰는 이상세계이지만 실제로 중국 자 치국 웨이우얼(新疆維吾爾) 타클라마칸 사막 남부에 2500km에 펼쳐져 있 는 산맥이다. 그곳의 정상은 매우 험하다 하지만 올라가면 서왕모(西王母) 가 사는데 그는 불사(不死)를 주는 힘을 가진 신이다.

　나의 시 결구(結句)에 곤륜에 걸리지 않았나 하는 말은 곤륜의 가치가 "죽지 않는 영원한 삶"(不死)에 있기 때문이다.
　현금의 불교 선지식들이 진실로 수행자의 덕목을 알고 불은에 보답 하는 길은, 사치한 차를 몰고 호화로운 생활을 해서는 안 된다. 그러한 힘이 있다면 중생의 아픔에 한 걸음 나아가야 할 것이다. 특히나 빡빡 깎 은 머리로 골프채를 들고 휘두르는 것은 마치 개가 코끼리 가죽을 입으 려 하는 것과 다르지 않다.

허공에 꽃을 피우다

공화류일생 空華流一生
수백한추갱 鬚白恨秋更
회고여문화 回顧餘文畫
비한작괴영 非閒作愧盈

허공에 꽃피우는 데 보낸 일생
수염이 희고 보니 세월이 한스럽다
돌아보면 글과 서화를 남겼지만
부질없는 짓이라 생각에 부끄럼만이

예전 밀양 무봉암(舞鳳庵)에서 노스님을 모시며 많은 가르침을 받던 중 "사람 나고 대과에 급제한다."는 말이 생각난다. 즉 대과급제(大科及第)란 우연히 일어나는 것이 아니라 이미 대과급제할 운명을 가지고 세상에 나왔다고 할 수 있다. 이런 말을 다 믿지 않는다 해도 또한 부정할 수도

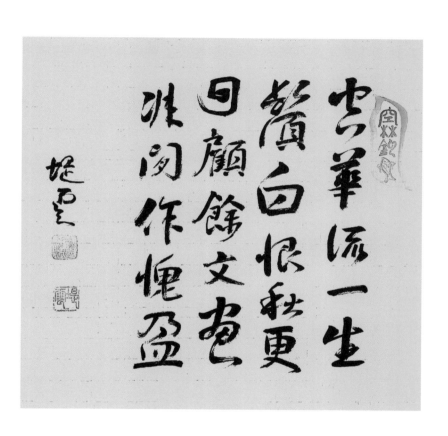

雲華泛一生
髩白恨秋更
曰顧餘文㐌
淮陰作愧盈

없다. 과학이 발달한 지금 유전체(遺傳體)의 작용에 의해 현재의 모습을 알 수 있기 때문이다.

그러므로 세상에 태어나 스스로가 자기의 길을 찾아간다. 나처럼 수행의 길에 나선 많은 사람들이 부모가 그 길을 권해서 갔다는 말은 아직 들어보지 못했다. 오직 스스로가 길을 찾고 갈 뿐이다. 이것이 운명적인지도 모른다.

그 운명의 길 하나가 수행의 길이라면 수행은 세속적 관념으로 이해하기는 어렵다. 마치 길 없는 길을 가는 것 같아서 나는 '허공에 꽃을 피운다' 했다. 이 말은 수행하는 사람은 안다. "허공에 도장을 찍는다."는 말과 같은 뜻이다.

그렇게 보낸 한평생이 턱에 수염이 희고 보니 참 많은 세월을 이 길에서 보냈구나 하는 생각에 지나간 시간들이 한스럽기까지 하다. 세속적인 부귀영화와 가업(家業) 때문이 아니다. 다만 공문(修行門, 佛門)에 들어와 확철대오(確徹大悟)하지 못한 아쉬움이다.

비록 확철대오는 아니라도 나름대로 글을 쓰고, 시문을 짓고, 그림 그리고 하면서 이런 것도 불은(佛恩)에 보답한다는 생각으로 열 권이 넘는 저서와 선묵화(禪墨畵) 개인전을 통해 나의 예술 세계를 선보였다. 지금도 현재진행형이다. 하지만 인생의 계절 가을에 들어서고 보니 그간 수행의 일환으로 여겼던 글 쓰고 시를 짓고 그림을 그리고 한 것들이 부질없는 짓이 아닌가 하는 생각을 하면 부끄러운 생각마저 든다.

다행인지는 몰라도 10년이 넘도록 청빈하게 살아가고 있다. 수행인이기에 이런 삶을 다행이라 표현하지만 청빈을 말하긴 쉬워도 참 힘든 생활이다. 우리 불문에서 또 세속에서 많이 알려진 문인승(文人僧) B 스님은 청빈을 많이 내세웠지만 그는 몸이 아프면 대한민국 최고의 병원에 입원할 수 있었다. 그런 생각을 하면 나는 몸이라도 아프면 그대로 임종(臨終)을 맞아야 할지도 모른다.

과거에 몸이 많이 아팠던 생각이 난다. 병원을 갈 수 없어서 아픈 몸을 이끌고 내가 공부했던 속리산 법주사를 찾았다. 당연히 환영받지 못했다. 어쩔 수 없이 보름간을 밥 한 술 넘기지 못하고 객실에서 보내다가 쫓겨났다. 당시에는 자비문중(慈悲門中)에서 이럴 수 있느냐 하는 서러운 마음이 많았지만 이런 일들이 다 나의 업장(業障)으로 받아들이니 서럽게 생각하거나 원망할 일이 없다.

인생의 길은 무엇을 택하고 무엇을 얻는 것보다 어떤 목적을 두고 어떻게 가고 있는가? 하는 이것이 중요하지 않을까? 왜냐면 목적지가 없는 삶은 마치 불 꺼진 창이요, 망망대해에서 나침반을 잃은 것과 같기 때문이다.

그런 의미를 내세운다면 나는 이 길에서 서있다는 것이 자랑스럽고 행운이다 하지 않을 수 없다. 이 길은 앞서 '운명'이라는 말을 했지만 아무나 이 길을 가는 것이 아니기 때문이다.

오늘처럼 태어나는 인구도 적고 따라서 출가자도 많지 않지만 예전에 내가 10대 어린 나이에 출가를 했듯이 그 시절 출가정신은 세속에 물들지 않은 어린 나이에 출가해서 오직 "위로는 깨달음을 구하고 아래로는 중생을 구제한다."(上求菩提下化衆生)는 그 한 생각만 가지고 걸사(乞士)가 되어 동가식서가숙(東家食西家宿)하며 흰 구름처럼 머문 바 없이 바랑을 걸머메고 스승과 처소를 찾아 다녔다.

수행자라면 누구나 다 그렇게 살아간다. 마치 바람에 그물처럼 그 무엇에도 걸림이 없는 삶을 사는 것이 출가자요 수행인이다 할 것이다.

시대의 엄중함이여

미중쟁무절 **美中爭毋絕**
정종국유무 **政終國有無**
민금난불약 **民今難不約**
처분절로오 **處憤切勞吾**

미국과 중국의 다툼은 끊임이 없고
정치는 실종되고 나라가 있는지 없는지
국민은 오늘도 어렵고 내일도 기약 못하니
분하고 절절함이 우리를 힘들게 하네.

일본과 독일의 패권시대가 2차 대전으로 종지부를 찍고 지금의 패권을 지향하는 중국이 당시에는 전혀 힘을 쓰지 못했고 소련 역시 미국이 주도하는 연합군에 기여를 했지만 전쟁이 끝나고 스탈린은 동유럽 전체와 중국까지 공산화시켰다. 이 시기가 냉전시대로 접어들었다. 1955년에

美中象母絕
政終國有芸
民今難石約
憂墳切筞吾

236

소련, 폴란드 등 동유럽 국가들이 군사동맹을 맺고 이보다 6년 앞서 이미 나토(NATO북대서양조약기구)가 만들어진 상태다.

중국 정부의 정통성을 인정받던 장개석(蔣介石)의 중화민국이 유엔안보리 상임이사국국에서 퇴출되었고, 대신 중국공산당이 세계 5대 상임이사국이 되었다. 우리에게 "흑묘백묘"로 잘 알려진 중국 국가주석 덩샤오핑(登小平) 집권시 홍콩을 수복하고 개혁개방의 물꼬를 트면서 한반도가 중국 땅임을 주장하는 동북공정(東北工程. 고구려가 중국의 지방민족정권으로 여김)을 내세우는 시진핑(習近平) 시대다. 시진핑은 집권을 하면서 일대일로(一帶一路. one belt) 하나의 지대, 하나의 길로 간다. 라는 말이다. 동남아 서남아시아로부터 유럽으로 이어지는 하나의 신 해양실크로드인 셈이다. 얼핏 생각하면 글로벌 시대 걸맞는 케치프레이즈 같지만 자세히 생각해보면 과거 중국이 실크로드를 통해 세계로 뻗어갔듯이 지금의 중국에서 탈피하려는 것과, 또한 아시아의 새로운 패권국가가 되려는 속이 보이기도 한다. 그간 쌓아온 경제의 힘을 특히 중동 국가와 파키스탄 등에 엄청 지원하는 것으로도 알 수 있다.

지금의 시대를 학자들은 "문명의 충돌"이라고 보기도 한다. 이러한 시대에 미국 대통령 트럼프가 국가비상사태를 선포하면서 중국 통신업체 화웨이 제품을 거부하는 행정명령을 내렸다. 화웨이 통신장비는 단순한 전자장비가 아니다. 그 장비 속에 비밀병기가 내장되어 있다고 보기 때문이고, 또한 중국을 이대로 방치하면 미국의 패권이 흔들린다고 보기 때문이다. 좋은 예로 요즘 미 국무장관 폼페이어가 유럽에서 나토 동맹의 단합을 외치는 걸 보면 오늘의 중국이 얼마나 강대국으로 도약했는가를 짐작할 수 있다. 2차 대전이 끝나고 나서 나토 회원국들이 소련을 경계하기 위해 중국을 도왔다면 지금의 중국은 러시아 정도는 상대가 될 수 없을 정도로 대국이 되었다.

세계 정세는 하루가 다르게 급박하게 돌아가는데 국방을 튼튼히 하고 국민을 편하게 해야 하는 정부, 그리고 정치인들은 시대의 정신, 시대의 요구를 외면한 건지 모르는 건지 서로의 진영 패권에만 몰두하는 것 같다. 그러니 지금의 대한민국의 정치는 실종된 거나 다름이 없다. 국민들은 오늘도 불안하고 내일도 기약할 수 없으니 그것이 분통으로 터져 사회적 이슈가 되는 오늘의 현실이 안타깝다.

한 나라의 흥망성쇠는 백성이 아니라 지도자에게 있다. 백성이란 마치 색이 없는 흰옷을 입은 사람과 같아서 흰옷을 입은 사람이 어떤 환경에 처하느냐에 따라 아름다운 물감으로 채색되기도 하고 오염된 물감으로 물들 수 있기 때문이다. 지금의 시대가 얼마나 엄중한가는 올해 들어 택시기사가 3명이나 그 뜨거운 기름으로 자신을 불태운 것으로 알 수 있지 않을까? 이것을 단순한 시대상으로 여기면 안 된다. 우리들이 알고 지내왔던 독제시대, 유신시대도 이런 일은 없었다는 사실이다.

위대한 탄생

화사춘일탄람비 華奢春日誕藍毘
천하오존칠보지 天下吾尊七步之
대성원래무집착 大聖元來無執着
중생제도현심비 衆生濟度現心悲

화사한 봄날 룸비니 동산에서 탄생하시니
일곱 걸음 옮기며 천상천하 나 홀로 높아
큰 성인은 원래 집착하지 않지만
중생제도를 위해 대자대비한 마음을 내더라.

마야부인은 왕자의 출생을 위해 친정으로 가던 중 아소카 나무(無憂
樹)가 우거진 숲에 꽃이 활짝 핀 가지를 잡자 옆구리를 통해 장차 부처가
될 분을 낳았다. 위대한 탄생이다. 어떻게 옆구리를 통해 나올 수 있느냐
하는 물음은 당시 인도는 사성제도(四姓制度)의 사회기에 그렇게 표현했

華香春日誕藍毘

天下吾尊七步之

太聖无來无執着

眾生濟度現心悲

佛紀二千五百六拾二年

戊戌四月八日楚雲

다고 본다. 사성에 대해 살펴보면, 바라문(婆羅門, 司祭者)은 머리에 속하고, 왕족은 옆구리에 속한다. 서민은 옆구리 아래에서 무릎까지고 천민은 무릎 아래다.

부처님께서는 세상에 나오자마자 일곱 걸음을 옮기면서 "하늘 위 하늘 아래 오직 나 홀로 높아라! 삼계가 모두 고통이니 내가 이를 편하게 하리라."(天上天下唯我獨尊 三界皆苦 我當安之)고 외쳤다 한다.

당시 사회상으로는 원주민 문다(Munda)와 드라비다(Dravida) 그리고 침입민족 아리야(Arya)인과 혼혈 종족 등 다양한 인종 문화가 뒤섞인 구조였다. 기후는 거의 열대로서 일 년의 반은 남서풍이 대륙을 향해 불어오고 반은 북동 계절풍이 바다로 부는 몬순기후이다. 이런 기후가 3~5월까지는 무더운 여름이고 6~8월은 장마철이다. 늘 비가 오는가 하면 10월에서 2월까지는 건조한 겨울로 나누어진다.

이러한 풍토적 기후가 사람들의 활동에 제약이 됨으로 해서 자연히 명상을 하게 되는 그런 환경에 처하고 따라서 출가 사문(沙門, 수행자)이 많이 나오게 된다. 이때 싯다르타 태자도 출가를 하게 된다. 그의 나이 29세, 부인 야소다라와의 사이에서 아들 라훌라가 있었다. 훗날 라훌라도 출가 사문의 길을 걷게 된다.

그는 모두를 버리고 사문의 길에 들어섰다. 일찍이 아시타 선인은 어린 태자를 두고 "전륜성왕(轉輪聖王)이 되거나 그렇지 않다면 출가를 해서 정각(正覺)을 이루어 부처가 된다."는 말을 하였다.

그가 출가는 했지만 어떻게 수행할지 잘 몰랐다. 그런 어느 날 엄청난 고행을 통해 깨달음을 얻은 바가바 선인을 만나 "고행을 견뎌 내는 것이 위대한 것이며, 고행을 통해서 영혼이 하늘나라에 태어난다."는 말을 듣게 된다. 그렇게 고행에 빠져 있을 때 다시 두 분의 수정주의자를 만난다. 알랄라 칼라마와 웃다카 라마풋다. 그들이 말하는 수정주의(禪定)를 체험하고, 다시 결코 죽지 않고서는 얻을 수 없다는 생각을 하면서 니련선하(尼蓮禪河) 근처 고행 숲에서 수행하다, 스스로 생각하기를 '육체적 고통만을 주는 이 고행이 과연 열반(Nirvana)을 얻을 수 있을까, 하는 의문을 하다가 강가에서 목욕을 마치고 나오는데 어느 소녀가 주는 우유죽을 먹고 보리수 나무 아래에 선정에 들었다가 새벽 별을 보고 크게 깨닫게 된다. 이 깨달음이 인류의 보편적 가치를 세우는 위대한 업적을 낳게 되었다.

자아(自我)로부터 해방

청산주객운 **青山主客雲**
납자부지흔 **衲子不持欣**
무거래기도 **無去來其道**
원무애오온 **願毋碍五蘊**

청산이 주인이라면 백운은 나그네
납자는 주지(住持)에 걸리지 않고
오고감이 없는 그 길에서
오온에 걸림 없이 살기만을

청산은 푸른 산을 뜻하면서 언제나 그 자리를 지키는 부동(不動)으로
사찰을 운영하는 사판승(事判僧)을 말한다. 이에 반하는 백운(白雲)은 늘
그 자리를 지키지 못하고 떠돌기에 수행하는 납자(衲子. 누더기를 입고 수행
하는 스님)에 비유된다. 납자는 겨울안거와 여름안거를 한 철(3달)씩 마치

青山之白雲

衲子可掬欣

岂吉集其道

願毋游五蘊

空林钞

戊戌初春逸之

면 다시 스승과 수행처를 찾아 길을 떠난다.

오래전 일이다. 팔공산 동화사에서 지객(知客)으로 있을 때다. 하루는 모르는 객승이 왔다. 나는 인사를 하기 위해 큰방으로 안내했다. 방으로 들어온 객승과 나는 엎드려 큰절을 하고 내가 객승에게 자리를 권하려는 순간 그는 공교롭게도 '청산'(靑山)이라는 글자가 붙은 자리에 앉았다. 절에서는 아무 데나 앉아서는 안 된다. 청산은 주인이 앉아야 하고 백운이라는 글자가 붙은 곳에 객승이 앉아야 하는데 절 법을 잘 몰랐던 것이다. 나는 객승에게 자리를 옮겨 안도록 하고 그가 어디서 공부했는지 본사는 어딘지 등을 물었다. 그는 나의 물음에 별반 답하지 못하고 그냥 일어나 나가버렸다.

수행자가 가는 길은 길 없는 길이다. 길 없는 길에서 길을 개척하는 것이 바로 깨달음이다. 달마가 인도 사람으로 중국에 들어가서 말없이 9년을 면벽(面壁)한 것이나 혜가(慧可)가 눈 위에서 밤을 새운 것도 모자라 자기의 팔을 계도(戒刀)로 잘라 하얀 눈을 붉게 물들인 신의(信義)는 간절한 구도자에게서만 볼 수 있는 일이다.

깨달음도 그렇다. 깨달았는지 그렇지 않은지 알기도 어렵다. 그래서 비유를 든다. "높은 산에 오르면 다 볼 수 있지만 산에 오르지 않은 사람은 볼 수 없다."고. 나 역시 많은 수행인을 접했지만 스스로 나는 깨달았다고 말하는 사람 보지 못했다. 다만 깨달은 사람만이 깨달은 사람을 알아본다고 한다.

불교에서는 사람을 오온(五蘊)이라 한다. 오온이란 다섯 가지가 쌓였다는 말로 우리의 몸을 색온(色蘊)이라 하고, 괴로움과 즐거움을 받아들이는 작용을 수온(受蘊), 생각하는 작용은 상온(想蘊), 의지 의욕은 행온(行蘊), 식별하고 판단하는 인식작용은 식온(識蘊)이라 한다.

초기경전 『상윳타니카야』에서 "비구(比丘.단신출가수행자)들아! 몸 느낌 생각 의지 인식은 무상하다. 이것들을 일으키게 한 원인과 조건은 무상하다. 비구들아! 무상한 것에서 일어난 것들이 어찌 영원하겠는가?"

우리들이 알고 있는 사람은, 다섯 가지 요소가 쌓인 것에 불과하다고 보는 것은 영원성이 없기 때문에 무상하다고 보는 것이다. 『반야심경』에서도 오온은 없다(五蘊皆空)고 했다. 그래서 나는 자아도 없고 무아도 없다고 본다. 그래도 현존하는 내 몸과 인식하는 작용을 부정할 수 없기에 수행자로서 오온의 집착에 떨어지지 않기를 바라는 마음이다.

가을비에 젖은 상념

추우고가보 秋雨孤街步

인인면불평 人人面不平

금생신막식 今生身莫識

낙옥유무맹 樂獄有無盲

가을비에 외로이 길을 걷다

사람들 얼굴이 평온치 못해

금생에 몸 받음을 알지 못했다면

극락 지옥이 있는지도 몰랐을 걸.

  9월의 초가을이다. 밖에 비가 내리는데 길을 걷다 문득 떠오르는 생각을 적어 본다. 아! 대한민국 지금 어디쯤 가고 어디쯤 머무는가? 코로나가 온 나라를 뒤흔들기를 두 해가 되어 가고 곧 다가올 대선을 앞두고 좌우 양 대립은 극한에 이르러 죽자 살자 서로 헐뜯고 있는 지금이다.

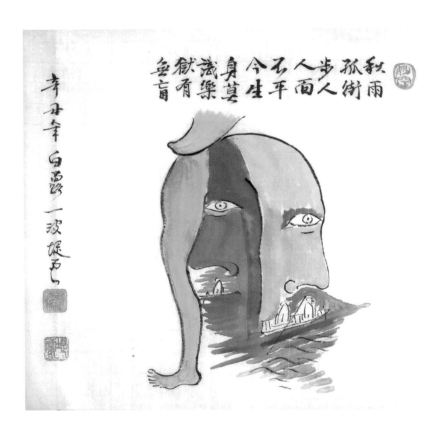

秋雨
孤街
步人
人面
今不
生平
身莫
淺樂
獄有
盲無

辛丑年 白露
一夜堤雨

문재인 정부가 들어서 돈을 많이 풀고 있다. 인구는 줄어들고 청년 일자리도 찾기 힘든 이 현실에서 청년들이 갚아야할 국가 채무는 날로 늘어 1000조를 넘어섰다. GDP대비 50%다. 문 대통령이 야당 시절 40%가 마지노선이다라고 주장했지만 정작 본인이 집권을 하면서 그걸 깨버렸다. 문 대통령은 본인의 말을 뒤집는 정도가 아니라 왜 40%를 꼭 지켜야 되느냐? 선진국들은 100% 넘는 나라도 있지 않느냐 하지만, 재정을 다루는 전문가들은 기축통화국이 아닌 우리나라처럼 소규모 경제국가는 대외변수에 취약하기 때문에 위험하다 한다.

지금부터라도 국가 부채를 축소하지 못하면 국가 신용등급이 내려가면서 불투명한 투자와 고용 불완전이 이어진다.

요즘같이 공정·정의·상식 등 많은 단어를 쓴 때가 있었던가. 문재인 대통령이 되고 나서 선거면 선거, 경제면 경제, 사회면 사회 무엇 하나 자신이 주창하고 자신이 뒤집지 않은 것이 없으니 내로남불(내가 하면 로맨스요, 남이 하면 불륜)이 세계적 언론 뉴욕타임스에 NARONAMBL이런 철자조합으로 실을 수 있었을까?

올해 102세 되는 철학자 김형석 교수의 말을 빌리면 "사회가 유지되려면 진실, 정의, 휴머니즘이 있어야 해요." 이 가치가 무너지면 그 사회는 없어진다 했다.

이 시점에 적절해 보이는 옛시조 한편을 소개하자면

"가노라 삼각산아 다시 보자 한강수야
고향산천을 떠나고자 하랴만은
시절이 하수상하니 올동 말동 하여라."

이 시조는 조선시대 문신 김상헌이 지은 시다. 그는 병자호란 당시 명나라와의 명분을 내세워 청나라를 인정하지 않은 죄로 1640년 청나라 심양으로 압송되어 가는 도중 이 시조를 짓게 되었다 한다. 그의 연고가 서울이라 북쪽 삼각산(지금의 북한산)과 남으로 흐르는 한강을 두고 고향 산천을 떠나는 심사를 그렇게 표현하지 않았을까 하는 생각을 해본다. 그의 심사엔 당시 나라나 사회가 불안정하니 고국산천을 떠나는 아쉬움도 있지만 돌아올 날도 기약할 수 없음을 스스로 안타까워하는 마음이 묻어난다.

민주사회가 이렇다 탓해야 할지 권력의 쏠림이 이런 사회가 만들어졌다 해야 할지 아무튼 서로 싸워 이기려고 온갖 의혹을 내세우기 급급한 현실이 수행자의 분상에서 보면 안타깝다.

『대방편불보은경』(大方便佛報恩經)에 보면
"내가 맞대놓고 하는 비난이나 거친 말, 이간질하는 말 당하길 좋아하지 않는 것처럼 모든 사람들도 그것들을 좋아하지 않는다. 그러므로 보살은 목숨을 잃는 한이 있더라도 거짓말이나 이간질하는 말을 해서 서로 다투는 일이 없다." 했다.

4부 내일을 위한 반조

선악의 경계를 넘어서라

명상에 대하여

약인유정좌 **若人聊靜坐**

승조탑항사 **勝造塔恒沙**

피경무진분 **彼竟無塵粉**

승신명상가 **昇身瞑想嘉**

어떤 사람이 잠시라도 고요히 좌선을 한다면

항하의 모래만큼 보탑을 짓는 것보다 수승하리라

보탑은 끝내 부서져 가루가 되어 없어지지만

명상의 기쁨은 자신을 승화하기 때문이다.

이 시는 중국 오대산(五臺山)에서 문수보살을 친견하려고 무착(無着) 스님이 백일기도를 하던 중 홀연히 문수보살이 나타나 7언절구 형식의 게송(偈頌)을 설한 것을 바탕으로 5언절구로 시를 짓게 되었다.

인도가 낳은 세계적인 명상가 크리슈나무르티는 그의 저서 『아는 것

真窗秒质

長人與靜坐勝造塔恆沙
終竟無塵拂身心眠想嘉

戊戌年夏 悟云

으로부터의 자유』에 "나에게 모든 이데올로기는 너무나 바보스러워 보인다." 했다. 그는 명상가일 뿐 아니라 철학가로서 누구보다도 이데올로기의 가치를 잘 아는 사람이다. 그런 사람이 삶의 중요한 가치는 철학이 아니라 명상에 있음을 말하고 있다.

명상이란 홀로 자신을 보는 데 있다. 인도의 명상가 오쇼 라즈니쉬는 "홀로 있을 때가 아름답다. 홀로 있을 때는 나눔의 욕망이 커지고 풍요로워진다." 했다. 홀로 있음을 즐기라는 말이다.

명상은 사회적 보편성이나 불교의 참선(參禪)과는 다르지만 스스로 길에 홀로 들어선다는 것은 공통점이 된다. 과거에 간화선(看話禪)을 받아드리기 전에 묵조선(黙照禪)과 크게 다르지 않다. 이것을 이해하기까지는 일본불교는 선을 단계별로 나눈다면 한국의 참선은 돈오(頓悟)다. 돈오란 바로 깨닫는 것으로 오직 깨달을 뿐이지 전후를 두지 않는다.

오늘 같은 사회는 물질의 풍요 속에 정신은 피폐(疲弊)해 간다. 이런 사회에 적응하기 위해서는 드야나(dhyana 산스크리트어, 집중명상)가 필요하다. 종교적 신념으로 같은 소리를 반복할 수도 있고(眞言) 만다라(mandala圓) 그림을 통해 명상을 이룰 수도 있다. 분명한 것은 고요하게 해야 한다. 고요하게 하기 위해서는 정신을 편하게 해야지 만약 명상을 한답시고 많은 생각을 일으킨다면 그것은 연구하는 것이지 명상이 될 수 없다.

명상의 본질은 몸과 마음을 쉬게 하는 것에 있다. 쉰다는 것은 몸과 마음을 본래 자리로 되돌리는 것이다. 그렇게 볼 때 명상이란 마음을 쉬는 것이요, 마음을 쉰다는 것은 생각을 쉬는 것이다. 아무것도 생각하지 않는 그것이 명상의 시작이라 할 수 있다.

그러므로 불교에서는 처음 불교를 접하는 사람에게 '쉬라'는 말을 한다. 부처님께서 "세계는 불타는 집과 같고, 모든 것이 '고' 아님이 없다."(三界火宅一切皆苦) 했다. 세계가 불탄다는 것은 비유다. 인간에게는 욕망의 불이 쉬지 않고 타고 있다. 그러한 욕망이 가득한 세계이니 모든 것이 괴로움을 만든다 해야 할 것이다.

지난 7월 12일 문경 봉암사에서 세계명상마을 기공식이 열렸다. 이 기공식에 초대를 받았지만 사정이 있어 참여하지 못했다. 우리나라 최고의 선원도량에 세계명상마을이 들어선다는 것은 한국의 간화선(看話禪)이 세계화에 한 걸음 다가서는 것이라 생각을 해 본다.

낮은 데로 임하소서

산중일야우 山中一夜雨
시가중예쟁 市街衆銳爭
여오춘원약 汝吾春遠約
천말비안성 天末飛雁聲

산중엔 밤새 비가 오는데
세상에는 중생들의 다툼이 깊어져
그대와 나의 봄 약속은 멀어져만 가고
기러기 하늘 높이 소리 내어 나네.

세상은 마치 물 흐르듯 흐른다. 다만 늘 흐르는 물이 같지 않다. 한번 흘러간 물은 다시 그 물일 수 없기 때문이다. 인간 세상은 예나 지금이나 영물(靈物)들의 욕심으로 다툼의 역사가 이루어졌다. 기원전 700년 진시황제가 최초 6국을 하나되게 해서 천하가 통일된 황제가 출현했다. 천하

山中一夜雨
市街象鋭爭
詩吾事遠約
天末琴雁聲

통일을 이룬 진시황제지만 황제로서 재위는 고작 9년에 지나지 않았다. 그가 죽고 난 후 그의 자식이 대를 이었지만 곧 붕괴되고 말았다.

기원전 4~500년경 둔황(敦煌) 막고굴에 새겨진 아미타불 그림과 글에서 인간의 지난 역사를 다시금 생각해볼 수 있다. 끝없는 전쟁에 한번 출전하면 3년이 될지 더 될지 돌아오지 못할지 모르는 그런 시대 환경 속에서 처자식을 남겨두고 전장에 나갈 수밖에 없는 남자들의 심경이 어떠했을까 하는 짐작이 막고굴에 고스란히 남아서 우리에게 전해준다. 아미타 부처 그림 앞에 무릎 꿇고 앉아서 간절히 기도하길 "아미타 부처님이시여, 다음 생에는 처자식을 굶기지 않고 전쟁이 없는 나라에 태어나기를… 눈물은 떨어져 금세 둥근 접시가 됩니다.…"

인간 세상이 얼마나 힘들고 고통스러우면 부처님께서 "사바세계는 불붙는 집과 같다.(猶如火宅) 일체가 괴로움(一切皆苦)이니라." 했을까? 신라 원효(元曉) 대사는 뱀복이와 걸인들을 모아놓고 한날 법문(法門)하기를 "살기 싫어져도 죽기는 어렵고 안 죽으려 해도 살기 또한 어렵구나."(莫生兮其死也苦 莫死兮其生也苦) 했다.

오늘 우리 주변에서 보면 어렸을 때 꿈을 실현하는 그 과정이 흐르는 강물을 보고, 넓은 바다를 보고, 높은 산을 바라보면서 성장하게 된다. 그 꿈을 이루기 위해 부단히 노력을 하지만 어느 날 이룬 만큼 올라간 만큼 그것을 감내할 수 없어 추락하고 만다. "추락하는 것은 날개가 있다"는 말도 있지만 인간의 추락은 날개로 인한 추락이 아니고 자심(自心)

이 흐트러져 추락하게 된다.

　낮은 데로 임하소서.

　물은 가장 낮은 데로 흐른다. 그 물은 그렇게 흘러 만물을 생성케 한
다. 우리도 물처럼 살아간다면 승리하는 인생이 될지언정 후회하지 않
으리라. 공자도 그의 제자 안연을 향해 "물처럼 살라"(水哉水哉)했고, 노자
는 "최고의 선(善)은 물과 같아라"(上善若水) 했다.

　결코 낮은 것이 낮은 것이 아니고 높은 것이 높은 것이 아님을 알 때
인생을 바로 깨달을 수 있다. 이것을 두고 불가에서는 죽착합착(竹着合
着) 또는 줄탁동시(啐啄同時)라 한다. 즉 스스로가 지향하는 바를 흔들림
없이 정진하다 보면 어느 시점에 이르면 그것을 이룰 수 있다는 말이
된다. 덧붙이면 진리도 도도 결코 특별히 존재하는 것이 아니라 스스로
의 환경에서 가능하다. 이것을 평상심시도(平常心是道)라 한다. 그러므로
행복은 멀리서 구하려 말라. 가까운 곳 낮은 곳 너와 나의 가까운 곁에
행복은 자라고 있다. 그렇게 생각한다면 무엇을 구하고 무엇을 내세우
고 무엇을 이루어야만 완성된 삶은 아니다. 결코 길다고 할 수 없는 세
상 마음에 구김 없이 산다면 그것이 바로 인생의 가치를 바로 실현한
삶이 되리라.

　불교적으로 이해한다면 우리가 세상에 나온 것은 영원을 향한 정거
장이다. 즉 잠시 쉬어가는 정도이다. 그렇게 생각하면 마치 영원을 향하

기 위한 징검다리를 걷는 것과 같아서 한 걸음 한 걸음 조심조심 건너야
하지 않을까?

어떻게 극복할 것인가

인심대립물상추 **人心對立物霜秋**
유수성성야불휴 **流水聲聲夜不休**
약멸여군분이법 **若滅余君分二法**
미타천국현전구 **彌陀天國現前求**

인심은 대립하고 형편은 가을 서리라
흐르는 물소리 밤에도 쉬지 않고
만약 너와 나라는 이분법이 없다면
아미타 천국이 눈앞에 현존하리라.

　　무더위가 연일 이어지는 오늘이여, 이럴 때 한 줄기 청량한 소식이라
도 있으면 좋으련만 그 청량감에 답이라도 하듯 아이러니하게 이번 주
미국의 경제전문지 블룸버그 통신 칼럼에 "아시아의 호랑이로 불리던
한국경제가 개집에 갇힌 꼴이다…" 했다. 원인은 사회주의 실험경제 때

人心對立物霜
立物霜
秋流水
聲聲促
不休若
分余君
二法
彌沱天
國現前
水一效促乎

265

문이라고…

무엇이 이토록 우리를 힘들게 하나. 대외적으로는 경제개발국을 넘어 선진국에 들어섰지만 이 땅에 살아가는 민초들 대다수의 삶은 각박하다. 이것은 대립각에서 비롯된다. 무엇이 우리를 대립하게 하나. 대립 또한 멀리서 찾아오는 것이 아니라 우리들 가까이에서 일어난다. 이런 현상은 빈부격차에서도 오고 이념적 이분법에서도 온다. 가난하다고 다 불행하지 않고 풍요하다고 다 행복하지 않다. 한 나라가 잘살고 못사는 것은 그 나라의 정신에 있다.

잠시 과거로 돌아가 보자. 인도 땅에 석가모니가 출현했다. 만약 석가모니가 출현할 때 인도 사회가 대립각이 없고 안정된 사회라면 석가모니가 나올 이유가 없다. 설사 나오더라도 그가 할 일은 별로 없었을 것이다. 인도의 당시 역사를 보면 광활한 영토를 가졌지만 몬순이라는 계절풍으로 인해 고온다습하고 비가 많은 지역의 특징으로 우기철이면 두석 달 내리는 비에 습해서 농작물을 심고 가꾸기도 힘들다. 그러한 환경이 인도의 명상을 만들었다. 명상은 앉거나 서거나 조용한 가운데서 나오는 것으로 우기철이면 비를 피해 조용히 명상을 하게 되었다. 이것이 우리나라에 전수되어 불가에서 여름 하안거 겨울 동안거가 된 계기다.

거의 같은 시기에 동방의 큰 영토를 가지고 군웅할거(群雄割據)의 시대상인 중국에 공자(孔子)가 출현했다. 공자 출현 시기는 춘추전국시대다. 뚜렷한 통일국가가 없었고 오직 서로 싸우는 전쟁터와 금권만이 난무할 때다. 공자 출현 후 대략 250년 후 통일국가가 나왔으니 진나라다. 진나라 시왕은 황제에 등극했지만 제위는 불과 9년에 지나지 않는다. 우리에게 잘 알려진 삼국지를 보면 한나라 유방과 초나라 항우가 진영을 정비해서 진나라를 무너뜨리게 된다. 진나라가 얼마나 큰 나라인지 궁궐이 석 달 간 불에 탔다니 가히 짐작하기 어렵다.

공자가 출현할 당시 통일국가가 없었다는 것은 사회제도도 제대로 갖춰지지도 않았고 어떻게 하면 전쟁 중에 살아남을 수 있을까? 어떻게 하면 금권을 쥐고 흔들 수 있을까 하는 것이 전부인 때 공자는 금권(金權)을 싫어했다. 그는 걸인처럼 제자들과 함께 길을 걸으며 인간의 원초적 가치를 주창했다. 그것이 인(仁)이다. 인이란 불교에서 보면 자비요, 기독교에서는 사랑이다. 이 인이야말로 인간의 원초적 가치이다. 이 인을 바탕으로 의(義)가 나오고 인간의 도리라 할 수 있는 예(禮)가 나오고 나아가 안정된 사회 성립을 위해 법(法)이 나오게 된다.

한 시대의 흐름은 물과 같아서 자꾸 흘러간다. 한번 흘러간 물은 다시 되돌릴 수 없다. 돌릴 수 없는 것에 집착하기보다는 미래를 향해 나아가는 것이 바람직하다. 과거의 역사는 역사의 거울(feedback)에 맡기고 미래를 설계해야 한다. 그렇지 않고 과거에만 빠져들면 모두가 괴롭다. 오늘 우리 현상이 바로 이와 같다. 남 탓보다는 스스로를 살펴야 한다.

잘 알다시피 우리는 조선 중기에 임진란을 겪었다. 그것을 바로 안다면 을사조약은 없어야 하지만 조선의 국왕 고종이 황제라 칭하고 불과 얼마 되지 않아 나라를 잃고 36년이라는 긴 치욕과 압박의 시대를 감내해야 했다. 우리에게 힘이 있다면 일본이 우리에게 그런 행동을 할 수 있겠는가? 또한 한 날 러시아와 중국이 함께 전투기를 동원해서 우리의 영공을 침범하고 사과도 하지 않는 일이 있겠는가? 과거 파죽지세에 있던 일본이, 미국령 진주만을 공격한 나라가 핵무기가 있었다면 미국이 히로시마 나가사키에 원폭투하를 할 수 있었겠나? 전쟁을 피하는 길도, 평화를 지키는 것도 힘이 있어야 가능하다. 지금 북한이 우리나라를 괴롭히는 것도 우리가 가지지 못한 핵을 가지고 있기 때문이다. 한 때 세계를 정복해가던 일본도 핵폭 2방에 항복하지 않았나? 우리가 지금 준비해야 함은 바로 이런 위협에서 벗어날 수 있는 지혜를 모아야 한다.

불가에서는 자업자득(自業自得)이라는 말을 한다. 내가 짓고 내가 받는다는 뜻이다. 오늘처럼 힘이 들 때 남을 탓하기보다는 우리 스스로를 돌아봐야 한다. 그간 북한에서 핵무기를 완성할 때까지 우리의 정부는 뭐하고 있었나? 선거 때가 되면 표를 얻어 개인의 권력에만 눈을 돌렸지 않았는가? 주지하다시피 조선시대 노론 소론, 동인 서인으로 나누어져 당파싸움이 얼마나 심했나? 그것이 임진란을 불렀고 을사조약을 만들었다. 오늘 우리 정부와 정당들이 그때와 별반 다르지 않다. 베네수엘라 위기가 우연히 일어난 것이 아니다. 정치지도자가 그 힘만을 믿고 미래를 생각지 못하고 스스로 감정을 조절하지 못한 데서 기인한 것이다. 국제정세는 글로벌화하는데 베네수엘라는 그렇지 못했다. 세계 최강이라는 미국과 맞섰지만 미국의 제재 앞에 세계 최대 산유량을 가지고도 현재는 자국민이 기름을 구할 수 없어 주유소에 장사진을 치는 현실이다.

일본은 세계 경제대국 3위에 속하는 나라다. 우리가 아직 준비하지 못하고서 맞서는 것이 굉장히 불안하다. 이렇게 말하면 네 편이 되고 친일이라는 프레임을 씌우는 것이 이 정부의 현실이다. 지금은 글로벌 시대다. 내 것만 귀하고 내 것만 내세운다면 시대의 경쟁에서 뒤떨어진다. 남의 것도 인정하고 남의 것도 바로 볼 수 있어야 한다. 일본이 밉다 해도 일본을 바로 알려고 해야지 극일(克日)만을 주창한다면 우리는 또다시 일본에 먹힐 수도 있다. 극일보다는 준비를 해야 한다. 준비가 되지 않은 전쟁은 무조건 패한다. 국민의 생각이 각기 다를 수 있다. 다를 수 있음을 인정할 때 민주국가의 길이 열리고 나라의 앞날도 밝아지지 그것을 무시하고 아군적군 나누어서 선거에서 유불리 전략만 생각한다면 나라도 국민도 없고 오직 불행만이 있을 뿐이다.

한 나라의 통치자가 중요하다. 통치자는 국민의 여론과 국가적 실익을 살펴 판단을 해야 함에도 우리의 대통령은 먼저 나서서 자기들에 기울 수 있도록 가이드라인을 긋고 나오니 현 정부에 대한 우려가 크다 하지 않을 수 없다. 바라건대 대통령은 가이드라인을 먼저 긋는 인상을 주지 말고 국민과 국가의 미래를 생각하고 국민의 통합을 위해 숙고해 주길.

국운의 안녕을 바라며

춘우점애슬 春雨沾哀瑟
난풍간서사 暖風澗絮娑
등산주진보 登山舟進保
국운약안하 國運約安何

봄비는 비파의 애잔함 더하고
따뜻한 바람은 개울가 버들개지 춤을 추는데
진보와 보수의 배가 산을 오르려 하니
국운의 안녕은 언제쯤일까?

시절은 도래하여 첫 번째 절기 봄이 왔다. 봄이면 비가 자주 온다. 조용히 가냘프게 소리 없이 촉촉이 사람들의 마음을 젖어들게 하는 비가 봄비다. 봄비가 소리 없이 내린다는 것은 빗방울이 워낙 가늘어 내리는 속도도 떨어져 거의 소리를 내지 않기 때문이다.

중국의 시성이라 불리는 두보(杜甫)의 '시' 춘야희우(春夜喜雨)의 전결 두 구에 "바람을 따라 몰래 밤에 들어와/만물을 적시니 가늘어 소리도 없구나."(隨風潛入夜 潤物細無聲) 하는 이 대목이 무척이나 정겹게 다가온다.

악기 중에서도 가야금이나 거문고 같은 현악을 연주할 때 가늘고 애잔할 때는 잔잔한 물결처럼 들리다가 다시 소리가 높아지면 마치 성난 노도와 같다. 이를 두고 '심금(心琴)을 울린다.'라고 한다.

봄이면 따뜻한 바람이 불어 얼어붙은 냉기를 녹이니 개울물 소리 힘차게 들리고 물가에 핀 버들강아지도 봄바람에 일렁이는 모습이 춤을 추는 듯하다. 이렇게 희망을 주는 계절이요, 꿈을 주는 계절이 봄이다. 하지만 우리 사회는 남과 북이라는 엄연한 갈림이 오래 지속하면서 체제가 다른 이념에서 남남갈등(南南葛藤)까지 심화되는 것이 오늘 우리의 시대상이다.

왜 같은 민족으로 서로가 서로를 불신하며 살아야 하는가를 생각하면 마음이 아프다. 진보는 뭐며, 보수는 뭔가 하는 생각을 해본다. 우리 사회는 민주 사회다. 다양한 생각을 할 수도 있다. 다만 그것이 지나치면 나라도 백성도 불안하게 되기 때문이다.

구 소비에트연방이 무너지면서 진보를 외치던 보리스 옐친이 러시아의 대통령이 되었지만 결국 오래가진 못했다. 알다시피 인간은 구속받고 제재당하는 것을 싫어한다. 공산주의, 사회주의, 전체주의 용어를 쓰는 나라는 도태될 수밖에 없다. 이런 현실에서 우리나라는 진보와 보수의 대립이 극한에 이르렀다는 생각을 한다. 진보가 진취적이라면 보수는 점진적이다. 진보적인 면도 필요하고 점진적인 면도 필요하다. 문제는 어떻게 조화를 이루느냐 하는 것이다.

요즘 사회상을 보면 "내로남불"이라는 말이 유행처럼 들린다. 내가 하면 로맨스요, 남이 하면 불륜이라는 이 말은 적폐청산 구호를 외치면서 과거 집권세력을 몰아붙였다. 그렇게 몰아붙인 집권 세력자들 중에 적폐의 유형이 드러나면 그것을 빠져나가기 위한 변명만 늘어놓는다.

다행한지는 몰라도 남과 북이 냉전을 종식하기 위해 수반이 머리를 맞대는 일을 앞두고 있다. 문제는 이런 현상이 얼마나 지속될 수 있을까를 의심하는 경우도 있지만 잘 될 것이라는 확신을 더하고 싶다.

더군다나 북미 정상회담, 한중일 정상회담, 한러 정상회담까지 일정이 조율되고 있으니 우리의 국격이 높아지고 국운이 번창하길 바라는 마음 간절할 뿐이다.

소춘(小春)

야심임연불래기 夜深任戀不來期
소설한풍안고지 小雪寒風雁苦知
수유오이유세월 誰有吾怡流歲月
본무생사역비자 本無生死歷悲慈

밤이 깊어도 그리운 임은 올 기약 없고
소설한풍에 기러기 슬픔 아는가
누가 있어 나의 기쁨인가 세월은 흘러가는데
본래 생사가 없다 해도 사랑과 슬픔은 뚜렷하더라.

불교에선 무시이래(無始以來)라는 말을 쓴다. 이 말은 비롯함 없이 왔음을 말한다. 사전적으로 말하면 아주 오래전부터 왔다는 뜻이 된다.

가을이 올 땐 미처 모르다가 가을이 가고 나면 가을을 느끼게 된다. 미쳐 느껴보지 못한 가을의 아쉬움이 입동(立冬)이 오고서야 가을을 알

俊深住戀不來期小雪寒風雁苦知
誰有吾怡流歲月方無生死歷悲慈

辛丑年小春 一玫堤丙

수 있었다면 나만의 생각인가? 사랑하는 임도 함께할 땐 모르다가 곁을 떠나고 나서야 비로소 그때가 사랑이라는 것을 절감한다.

나이가 들면 들수록 점차 지인들은 멀어져 간다. 어찌 보면 그 또한 자연스러운 현상인지도 모른다. 나이가 들면 젊어서와는 많이 달라진다. 떠나고 싶다고 훌쩍 떠나지 못한다. 떠나지 못함은 행동의 반경이 줄었기 때문이다.

멀어져 가는 지인은 많이 있어도 새로 생기는 지인은 적다. 이 또한 자연의 현상이다. 생각해 보라. 점차 시들다 죽는 것이 자연적이지 멀쩡하다가 쓰러져 죽는다면 되겠는가? 젊어서는 온갖 것이 아름답고 온갖 음식이 맛이 있지만 차차 아름다움도 성글어지고 맛있는 음식도 입맛이 떨어진다. 이렇게 변화하는 것이 정해진 목적지를 향해 마치 달리는 마라토너와 같다.

지금의 시절이 다 알다시피 역병이 돌고 있는 코로나 시대다. 예전 같지 않는 생활의 패턴이 우리를 힘들게 한다. 자연이란 인간들이 힘들건 말건 변함없이 왔다가는 가버린다. 입동을 지나고 소설을 지나면서 대설(大雪)을 앞두고 있다. 아침엔 살얼음이 얼기도 하다 낮이면 봄처럼 따뜻하다 해서 소춘(小春)이라 부르기도 한다.

옛사람들이 소춘을 두고 남긴 소춘한음(小春閑吟) 한 구절을 소개하고자 한다.

자연의 섭리로 소춘 절기에 이르러

기후는 봄 같은데 꽃은 피지 않고

국화주를 담그려고 국화꽃을 꺾어

매향이 그리워 홍매화를 그렸네.

(自然變理小春來 候似靑陽花不開 菊酒欲醅摧露菊 梅香懷憬寫紅梅)

차가운 바람이 옷깃을 여미는 때다. 기러기는 떼 지어 하늘 높이 난다. 찬바람을 온몸으로 받으며 고향을 기리며 나는지도 모른다. 그냥 나는 것이 아니라 그간 일구며 머물던 삶의 터전을 저만치 버려둔 채 떠나야만 하는 그 괴로움을 어찌 쉬이 판단할 수 있을까?

이럴 때 적절히 표현한 '시'가 있어 옮겨 본다.

하늘 기운 오르고 땅의 기운 잠기는데

한풍(寒風)에 나는 기러기 뜻 헤아리기 어렵구나.

(天氣上騰沈地氣 寒風飛雁意難裁)

요즘 사회가 돌아가는 것을 보면 삶이란 무엇인가, 죽음이란 무엇인가 하는 것을 새삼 되새겨 보게 한다. 우주의 섭리, 자연의 섭리(成住壞空)로 보면, 시작되었다가 머물다가 이글어지고, 나아가 공(空. 본래 자리)으로 돌아가는 것이지만 누구는 사랑받고 살며 누구는 미움으로 본래자리 찾아가는 길목에서도 용서받지 못하고 돌아가야 하는지 세찬 찬바람에 하늘 높이 나는 기러기는 알까.

염원(念願)

삼팔냉용도목전 三八冷溶到目前
백간만발무남연 白幹滿發無南燕
여강혈맥유무절 如江血脈流無絶
반도기웅세계편 半島氣雄世界翩

38선의 냉기가 녹아 눈앞에 이르니
백두대간에 꽃 피고 강남제비 춤을 추고
혈맥은 강물처럼 끊임없이 흘러
한반도의 웅기가 세계에 일렁이네.

　세상의 환경이 변한 건지, 인간의 심성이 변한 건지 이틀 전 38선 판문점 평화의 집에서 남과 북의 정상이 만났다. 남과 북은 분명 한민족 한 혈통이지만 서로가 적대시하며 철천지원수처럼 지내왔다.

　그렇게 보낸 세월이 66년이다. 같은 민족이면서도 마치 눈 먼 거북이

三八冷落到目前白鞓滿

發盡南燕如江血脈流無絕

牛島氣雄志景翩

念願

戊戌春古一玫堤△

가 망망대해에서 나무를 만나는 것처럼 어려운 만남을 이번에 남과 북, 정상이 해냈다. 이렇게 되기까지는 북의 핵무기 문제가 국제적으로 이슈가 된 것도 하나의 계기가 되었다고 할 수 있다.

무엇보다도 시대상의 변화가 크다고 하지 않을 수 없다. 과거에는 그냥 슬며시 넘어갔던 일들이 지금은 그렇게 넘길 수 없는 세상의 변화요, 또한 남과 북의 지도자가 바뀌었고, 따라서 지도자의 생각도 시대를 거스를 수 없는 현실이 오늘 같은 만남을 일궈낼 수 있었다.

마침 시절운도 따르는지 백두대간에 꽃이 만발하는 4월이요, 강남제비가 돌아오는 따뜻한 날에 근심 잃은 농부는 논밭을 일구니, 푸른 동해 바다도 벅찬 환희의 노래를 부를 것만 같은 그런 날을 우리는 맞이하고 있다.

우리는 한민족이다. 한민족은 5000년 역사의 단군(檀君) 후손이자 단일 민족이다. 물론 요즘 같으면 피가 많이 섞였지만 남과 북, 사람들의 얼굴에서 같은 민족임을 확연히 알 수 있다. 이런 생김새가 같은 나라가 만약 통일이 되어 하나로 합한다면 7000만이나 되는 대국이 된다는 것을 의심할 수 없다.

돌아보면 조선 500년의 쇄국정책이 낳은 산물이지만 이제 남과 북의 지도자가 만났으니 지난 과거에 얽매이지 말고 민족의 미래를 먼저 생각해야 한다. 미래를 생각한다면 그간 서로가 적대시한 이데올로기라는 올가미에서 벗어나길 바란다.

이데올로기만 벗어나면 해결은 간단하다. 어떻게 하면 이 민족을 위해 정치를 잘할 수 있을까를 생각한다면 봄날의 얼음이 풀리듯 그렇게 풀리리라 생각한다.

고래(古來)로부터 불변의 원칙은, '정치는 백성을 먼저 생각하는 데서 비롯한다.'는 사실이다. 만약 백성을 속이고 백성을 핍박하는 정치를 한다면 그런 사람은 세세생생(世世生生)에 구제받지 못하는 중생이 된다.

그러므로 정치 지도자는 스스로가 촛불이 되어야 한다. 촛불은 자신의 몸을 태워서 어둠을 밝힌다. 이런 자세가 진정 일찍이 있었다면 1950년 6·25도 일어나지 않았고, 1953년 휴전회담도 만들지 않았고, 나아가 동족이 66년간 서로를 적대시해서 오늘에 이르지는 않았다.

한민족은 한 혈통이요, 한 혈맥이다. 혈맥은 마치 끊임없이 흐르는 강물과 같다. 만약 남과 북이 통일이 된다면 전 세계가 우리의 의지를 찬탄하고, 그 기세는 그 어떤 대국도 우리를 넘볼 수 없는 웅기로 펄럭이게 된다.

바라건대 때는 늦었지만 이번의 남북대화가 마지막일 수 있다는 각오로 반드시 통일에 이르는 초석이 되길 바란다.

인생은 기다림이다

무지사세다 **難知事世多**
풍우질여파 **風雨疾如波**
궁본태공대 **宮本太公待**
시래무애가 **時來無碍歌**

알지 못할 일 세상엔 많아
비바람 질병이 물결 이루고
궁본과 태공은 때를 기다려
시절이 오면 기쁨 노래 부르리.

요즘 같아서는 시절이 하도 수상(殊常)해서 내일은 또 무슨 일이 일어
날지…. 어제도 오늘도 소상공인이 생활고를 비관해서 죽었다는 소식만
들려온다.

인생의 길에 무엇이 정답이고 무엇이 오답인지 판단하기 어렵다. 다

難知事幾多風雨疾如波
宮本太公待時未有碑歌

庚子年立秋一渲硯石

만 인생은 기다림의 연속이 아닌가 한다. 오늘은 내일을 기다리고 언제 올지도 모를 임도 그렇게 기다린다. 다소 역설적일지 몰라도 기다림이야말로 '인생의 미학'이 아닐까 한다. 기다림 이것은 막연할 수도 있고 기쁨으로 성큼 다가설 수도 있다. 아무튼 기다림이 있어 인생은 행복한지도 모른다.

오늘 우리에게 많은 시련이 다가왔다. 작년 말부터 다가온 코로나 19가 아직도 온 세상을 뒤흔들고 있는데 태풍 마이삭과 하이선이 반갑지 않게 찾아와 우리의 전 국토를 할퀴고 갔다. 그렇지만 우리는 인내하고 기다려야 한다. 기다리다 보면 다시 좋은 시절이 오리라 믿는다. 우리말에 '바쁠수록 둘러가라'는 말이 있지 않는가? 지금같이 각박하고 힘들지라도 한 템포(tempo) 쉬어가면 어떨까? 불가에서는 '불타오를 때 한 생각 쉬라' 한다. 어차피 인생이란 온다는 소식 없이 왔다가 가는 줄도 모르고 간다.

인생길의 한계는 스스로가 만든다. 십 년을 살아도 한 인생이요, 백 년을 살아도 한 인생이다. 중국 은나라 주왕 시대에 강태공(呂尙)은 학문과 식견이 뛰어났으나 여든이 다 되도록 세상이 자기를 알아주지 않았다. 생활은 늘 빈곤했고 그 아내의 품팔이로 연명하던 어느 날 집을 나가 강가에서 미끼 없는 낚시를 하며 때를 기다렸다. 그러던 어느 날 주나라 문왕이 강태공을 찾아 만났다. 주왕은 그의 학문과 식견에 스승처럼 태공(太公)이라는 이름으로 제상의 자리를 내렸다. 그렇게 제상이 되었고 얼마 안 가서 주 문왕이 죽고 그의 후계자 무왕을 도와 천하를 제패하는 데 크게 기여했다.

중국에 강태공이 있다면 일본에는 미야모토 무사시(宮本武藏)가 있다. 17세기 일본 막부 시대 수묵화를 그렸는데 달마, 야생마, 두견새, 포대화상 등 여러 가지를 그렸는데 그 중에서 새 그림은 대단한 평가를 받았다. 그런 사람이 어느 날 '일본의 대표적 사무라이, 쌍칼(二刀類)의 시원'이니 하는 소리를 듣게 된다. 훗날 오륜서(五輪書, 1645 병법 처세술)를 남길 정도로 병법에 관심을 뒀었다. 당시 일본은 왕조는 있어도 성주(城主)의 장군이 중심이 되는 막부 시대다. 이 시대는 칼을 얼마나 잘 쓰느냐에 따라 무관도 되고 벼슬도 얻을 수 있었다. 당시 고쿠라성(小倉城)의 무술 사범으로 일본 최고의 무사로 명망이 드높던 사사키 고지로와 대결을 하고 싶었다. 그를 꺾어서 일본 최고의 무사로 평가받고 싶었는지도 모른다.

그렇게 되기 위해 미야모토 무사시는 조금도 게으름 없이 무술을 연마했다. 그렇게 스스로의 목적을 향하여 가는 중에 늘 그림자처럼 따라다니는 연인 오쑤우가 있었지만 그는 마음을 쓰지 않고 오직 목적을 이루기 위한 한 걸음뿐이었다. 마음속엔 늘 사사키 고지로와의 대결만을 생각하던 중 어느 포구에 이르러서는 무가(無可 내세울 것 없다.)라는 가명으로 아이들을 가르치기도 했다.

그렇게 인내하면서 기다리던 사사키 고지로와 결전의 때가 왔다. 장소는 시모노세키 앞바다의 무인도 섬 간류지마에서 목숨을 건 대결을 하기로 했다. 섬까지 가는데 배는 아버지 친구가 대주었다. 그는 배로 약속장소에 가면서 삿대를 깎아 목검을 만들어 사사키 고지로와 대결했고 그를 이겼다. 사사키 고지로는 목검으로 머리에 맞아 출혈로 사망했다.

비록 지금 대한민국이 흔들리고 우리 모두가 힘들게 살아갈지라도 우리는 내일을 기약하고, 그러기 위해서는 스스로에게 주어진 환경에 최선을 다하며 기다려야 한다. 근세 대한민국의 최고의 선승 성철(性徹)도 파계사 성전암에서 철조망에 스스로 갇혀 10년을 기다렸고, 중국불교의 한 법계제자 선자 화상(船子和尙)도 강가의 나루터에서 낚지 않는 낚시를 했다.

인과의 법칙

욕지전생사 **欲知前生事**
금생수자시 **今生受者是**
욕지내생사 **欲知來生事**
금생작자시 **今生作者是**

전생의 일을 알고 싶은가
금생에 받은 걸 보라
내생의 일을 알고 싶은가
금생에 하는 짓을 보라.

원효 대사는 인간의 마음에 대해 선과 악을 가지고 있다고 봤다. 그의 저술 『기신론별기』(起信論別記)에서 밝혔다. 중국의 순자(荀子. BC300경 교육자)는 인간은 교육을 통해서 바로 살아갈 수 있음을 말하고 프로이트 (Sigismund Freud1856~1939정신과 의사, 심리학자)는 인간의 악행은 본능(本能 id)에

欲知前生事
今生受者是
欲知來事生事
今生作者是

因果法則

庚子季夏暑 一波 張乃

서 나온다고 했다. 그리스 철학자 소크라테스(Socrates BC470~399 철학. 聖人)는 거리에서 살다가 거리에서 죽었다.

그는 아테네의 민중들로부터 외면을 받는다. 신앙을 저버리고 젊은이들을 현혹한 죄로 사형에 처해졌다. 그가 죽은 지 60년이 지나 마케도니아에 의해 그리스는 패망한다. 훗날 아테네 시민들이 그를 흠모하고 추모했다. 그는 아테네 감옥에서 죽기 전 제자 플라톤에게 "사는 것이 중요한 것이 아니다. 바로 사는 것이 중요하다."는 말을 남겼다.

불교에서는 "이것이 존재하므로 저것이 존재하고, 이것이 멸하므로 저것이 멸한다."(此有故彼有 此滅故彼滅) 했다. 이 말은 상대성(相對性) 상대적(相對的) 개념이다. 상대성이란 서로가 가지고 있는 본질적인 것이고 상대적은 서로가 가지고 있는 가치를 말한다. 그러므로 세상은 홀로 존재할수도 없고 홀로 이루어질 수도 없다. 모든 것은 상관관계다. 내가 존재하므로 세상이 존재하고 세상이 존재하므로 내가 존재한다. 이 존재적 가치를 신중히 해야 하는데 인간은 세상의 모든 것을 경험함으로 해서 옳고 그름을 알고 좋고 나쁨을 경험한다. 이러한 과정이 점차 탐욕으로 빠져들게 된다. 어려서는 기성세대들을 보면서 탐욕스럽다는 생각을 하다가 자신들 스스로도 점차 탐욕 세상에 편승하게 된다.

탐욕은 개인과 개인의 관계도 있고 국가와 국가 간에도 성립된다. 불교에서는 "지은 업은 그냥 없어지지 않는다."(定業不滅) 한다. 반드시 그에 따르는 결과를 낳게 되는데 이것이 인과법칙이다.

지금 전 세계가 코로나19 바이러스에 의해 힘들어 한다. 이 또한 인과의 법칙에 의해 나왔다고 본다. 노자(老子, 도가의 시조)는 우리들 인간에게 "무한한 자연"(無爲自然)을 말했다. 인간은 자연에 순응하면서 살아야 함을 강조하는 말이다. 자연인처럼 산다는 것이 아니라 순리대로 살라는 말이다.

세상은 혼탁하다. 온난화의 영향으로 자연이 병들고, 북극의 얼음도 빠르게 녹아가고 있다. 간단히 얼음 정도가 녹는 것이 아니라 그것이 온난화의 주범으로 변화하기 때문이다. 이러한 것의 1차 책임은 인간에게 있다. 화석연료를 지나치게 채취해서 사용함으로 이산화탄소를 만들어냈다.

나는 가끔 이런 생각을 해본다. "옛날처럼 칼만 쓰는 세상에 살 순 없을까?" 칼이 비록 날카로운 무기일지라도 총에 비하면 아무것도 아니다. 총도 대포나 미사일 앞에서는 아무 쓸모가 없다. 그런 대포 미사일일지라도 핵무기 앞에서는 무력해진다. 이 모든 것이 자연이 만든 것이 아니라 인간의 이기가 그렇게 만들었다. 미국(美國), 정말 아름다운 나라로 느껴지는가? 예전에는 미국 같은 나라를 두고 지상낙원이라 여길 때가 있었다. 하지만 지금은 아니다. 자연재해가 극심한 데다 스스로를 지켜준다는 총기류 등 무기가 서로를 죽이고 불신하는 실정이 되고 말았다.

우연이라 여길지 몰라도 세상에는 우연은 없다. 만나야할 사람이 만나고 있어야할 자리에 있는 것이다. 그렇게 볼 때 자연재해로 몸서리치는 일본은 2차 세계대전의 주범으로 세계에 악영향을 끼쳤고, 뿐만 아니라 우리나라에 임진란과 을사조약으로 우리에게 씻지 못할 굴욕감을 주었다. 이에 못지않은 중국 또한 자연재해로 고통 받는 나라가 되었다.

알다시피 문화혁명(1966~1976)이라는 이름으로 조상을 죽이고 조상이 남긴 흔적을 지우고 노인을 학대하고 수많은 사람들을 죽였다. 그것은 당시 공산주의 집권자들의 체제를 지키기 위한 수단과 방법이 그런 짓을 했다. 이때 붉은 완장을 찬 홍위병도 등장했다.

이러한 모든 행위가 오늘처럼 위태로운 중국이 되었다면 이것이 인과의 법칙에 의한 과보를 받는다고 본다. 인과는 개인을 넘어 국가 간에도 영향을 미친다. 그것은 종교적으로 보지 않는가 하는 반문을 할 수는 있겠지만 그 결과가 그대로 현실로 드러나지 않느냐, 하늘에는 에어라인을 긋지 않아도 비행길이 있고 바다도 라인을 긋지 않았지만 뱃길이 있다.

눈으로 봐야만, 손에 쥐어야만 믿는다면 그런 사람은 너무 각박해서 비인간적이라 할 수 있다. 예로부터 성현들의 공통점은 바르게 살라 했다. 바르게 살기 위한 신앙이지 신앙 자체를 위한 것이 아니다. 부처님은 우리에게 팔정도(八正道)를 제시했다. 요약하면 바로 보고 바로 생각하고 바로 행하라는 뜻이다.

지금 우리들은 너무 많은 것을 생각하고 너무 많은 것을 취하고 있다. 과연 행복한가 묻고 싶다. 인간의 행복은 물질 풍요나 아름다운 기호에 있지 않다. 부탄, 히말라야의 작고 가난한 나라, 이 나라에 사는 사람들의 행복지수가 세계에서 최고라고 나왔다.

그날을 위해

민심부정회난추 民心不正悔難追
취사항상막일의 取捨恒常莫一宜
의식무사신반조 意識無邪身返照
내시약우목맹구 來時若遇木盲龜

민심을 바로 보지 못하면 후회해도 추구하기 어렵고
취하고 버림이 항상이지만 한결같이 마땅치 않아서
의식에 간사함 없이 자신을 반조한다면
때가 오면 눈 먼 거북이 나무를 만난 것 같으리.

이제 잔치는 끝났다. 2월의 동계올림픽을 시작으로 남과 북이 판문점
회담을 했고, 북미정상회담 다음 날은 지방선거까지 모두 끝났다. 이제
는 제자리로 돌아와야 한다.

판문점 회담에 이은 싱가폴에서 북미정상회담까지 우리는 얼마나 기

民心不正悔難追取捨恆常莫一宜
意識無邪身返照來時君過木盲猫

戊戊立夏
一汝想為

294

대하는 마음을 가졌던가? 뿐만 아니라 6·13지방선거까지 모두가 나라의 앞날을 생각하면서 그 얼마나 마음을 졸였던가? 보수다, 진보다 하는 저마다 케치프레이즈를 걸고 한 판 대립도 이제는 저만치 둬야 한다. 분명한 것은 지은 행위는 결코 그냥 넘어가지 않는다는 사실이다. 이것이 불교에서 보는 정업불멸(定業不滅)이다.

선거가 끝나면 모든 것이 끝나는 것 같아도 분명한 의혹이나 죄가 있다면 이것은 그냥 적당히 타협지어질 수 없다. 특히 공직자는 첫째도 둘째도 진실해야 한다. 진실치 못한 공직자는 반드시 그 결과가 기다리게 된다.

한번 잃은 민심은 적당히 다시 돌아오지 않는다는 것도 잊어서는 안 된다. 반드시 그 과보에 준한 심판을 받게 된다.

그러므로 공직에 있어서나 개인의 생활에 있어서 취하고 버리고 한다지만 시간이 지나고 보면 무엇 하나도 이것이다 저것이다 정의할 수 없음을 깨닫게 한다. 이 말은 취사선택이 쉽지 않다는 말이기도 하다.

그래서 공직자는 의식이 분명해야 하고, 승리자건 패배자건 스스로를 반조(返照)하지 못한다면 반드시 그 대가가 따르게 된다. 스스로를 돌아보면 볼수록 앞날은 밝아진다. 마치 눈이 먼 거북이가 망망대해(茫茫大海)에서 어려운 나무를 만나는 것처럼 그렇게 말이다.

이제 지나간 일들은 스스로를 돌아볼 뿐이지 원망하거나 미워하는 마음을 버려야 한다. 우리에게 많이 알려진 말이 있지 않던가? "내 탓이

오" 하고 그렇게 자신을 돌아볼 때 비로소 가능성이 보인다 할 수 있다.

　한 나라의 흥망성쇠는 첫째도 둘째도 지도자의 책임이지만, 그렇게 내버려둔 국민들도 그것에 자유로울 수 없다. 그러므로 누구를 기대하고 누구를 탓하기보다 모두가 함께 자신과 이웃을 돌아보고 국가도 돌아보는 이런 것들이 절실할 때 서로가 상생하지 않을까?
　우리나라 속담에 "달도 차면 기운다." 하였듯이 흥(興)의 끝은 망(亡)이다. 멀리 볼 것 없이 아종(我宗)의 흥망을 예로, 고려시대 불교는 노비가 차고 넘칠 정도로 사찰은 부유하고 스님들은 귀족의 대접을 받았다. 하지만 그러한 것이 시절이 변화하니 숭유배불(崇儒排佛)이라는 정책이 이어졌고 절간에 발길은 끊어지고, 불사(佛事)가 중단되는 아픔이 장장 500년간 이어졌다.

가을에 이르러

호택파다불안가 **好宅頗多不眼家**
시중전범서민애 **市中錢氾庶民涯**
생어차피여유수 **生於此彼如流水**
헐헐공공견세가 **歇歇空空見世嘉**

좋은 집이 많아도 집이 눈에 들지 않고
시중에 돈은 넘쳐나도 서민의 삶은 팍팍해
어차피 삶이란 물 흐르듯 그러해서
쉬고 비우고 보면 세상이 아름답기도 하더라.

시절이 도래하여 가을이 왔다. 산은 붉게 타오르고 들에는 황금빛 들
국화가 물결을 이루는데 가을바람에 춤추듯 일렁이는 코스모스가 향기
롭다.

이렇게 좋은 계절이 왔어도 왠지 모를 허탈함이 그림자 되어 우리를

好宅頗多不眼家市中錢氾庶民涯
生於此彼如泄水歇々空々見吉嘉

辛丑年仲秋 一沒 埞己

따라다님은 코로나라는 전무후무한 질병이 찾아와서 떠나지도 않고 우리 주변을 맴도는 영향이 크다 하지 않을 수 없다. 이런 영향 탓일까, 집값이 폭등하니 서민들 집 마련하기가 어렵고, 시중엔 돈이 넘쳐나도 물가도 덩달아 춤을 추니 서민들의 고단한 삶이 더욱 힘들어진다.

세상살이는 천 년 전이나 21세기 현재나 힘들기 매한가지다. GNP나 GNI가 높다고 행복할 순 없다. 행복지수가 높은 나라는 의외로 가난해서 아날로그 시대를 벗어나지 못하는 나라에서 나온다. 그렇게 생각해 본다면 지상낙원은 결코 어디서 찾을 일이 아니다. 내가 서있는 그 자리에서 바로 찾아야 한다. 다만 험난한 파도를 애써 부딪쳐 이기려 하기보다는 때론 물러나고 쉬고 비우는 지혜가 필요하다.

오래전 신라시대의 한 고승이 삶의 의지를 그가 남긴 시로서 우리들에게 좋은 교훈이 될 것 같아서 소개하고자 한다.

부설거사팔죽시(浮雪居士八竹詩)

차죽피죽화거죽 此竹彼竹化去竹
풍타지죽랑타죽 風打之竹浪打竹
죽죽반반생차죽 粥粥飯飯生此粥
시시비비간피죽 是是非非看彼竹
빈객접대가세죽 賓客接待家勢竹

시정매매세월죽 市井賣買歲月竹
만사불여오심죽 萬事不如吾心竹
연연연세과연죽 然然然世過然竹

이런대로 저런대로 되는대로
바람 부는 대로 물결치는 대로
죽이면 죽 밥이면 밥 그런대로
옳으면 옳은 대로 그르면 그른 대로
손님이 오면 집안 형편대로
시정에서 사고파는 것은 시가대로
세상사 뜻대로 안 돼도
그렇고 그런 세상 그렇게 사세나.

* 부설거사(佛名. 浮雪 본명, 陳光世)

피안은 어디쯤인가

문군래처식생혜 **問君來處識生兮**
설사무지부진미 **設使無知不眞迷**
신수환혜승세고 **身受歡兮勝世苦**
종전필득피안제 **終前必得彼岸梯**

그대여 온 곳은 알고 사는가?
설사 모른다 해도 진실로 미혹되지 않아서
현신(現身)을 기쁘게 세상 괴로움 이긴다면
죽기 전에 반드시 피안에 이르리라.

오늘처럼 자신의 정체성을 물어볼 때가 있었을까? 자신의 정체성을
자신이 왜 모르겠느냐 반문하겠지만 자신을 지키며 살기가 쉽지 않기
때문이다. 마치 물결은 잠잠하고자 하나 바람이 물결을 출렁이게 하는
것과 같이 오늘의 시대상이다.

問君末處識生兮
說使無知不真迷
身受歡兮勝去苦
終前必浮彼岸梯

向彼岸
戊戌新正一凝
堤子

한 나라의 국민이 행복하느냐 그렇지 않느냐는 지난 수천 년 역사의 피드백feedback에서 얼마든지 알 수 있다. 그러나 한 가정의 행복도 한 사회가 주는 영향이 엄청 크다 하지 않을 수 없다.

보라, IMF 때 우리 사회는 어떠했고 우리의 가정은 어떠했는가? 시대의 흐름은 정치의 비중이 크다. 적폐청산 과정에서 드러난 일이지만 진영이 다르다 해서 누락시키고 제외했던 문화예술인의 문제가 있었다. 오늘의 뉴스는 청와대에서 소상공인들을 초청했지만 700만 소상공인을 대표하는 사람은 그 자리에 없었다. 아이러니Irony한 일이다. 물론 청와대에서는 여러 변명이 있을 수 있다. 하지만 이것은 생각이 있는 사람이라면 왜! 라는 의문 속에 진영의 논리가 작용했다는 생각을 지울 수 없다.

들리는 말로는 소상공인 대표가 정부에 불편한 요구를 했다 한다. 새 정부가 들어서 처음 내세운 기치가 적폐청산인데 적폐청산의 핵은 진영이 문제된다 할 것이다. 그렇게 볼 때 역시 정치는 생물이라 그럴까? 진보정치 촛불정신의 기치를 내걸은 현 정부도 같은 정치 무리에 지나지 않는다고 봐진다.

속담에 팔은 안으로 굽는다는 말이 있다. 인지상정(人之常情)과 같은 말이기도 하다. 그것을 부정할 수도 없고 부정해서도 안 된다. 다만 적정한가 하는 것이 문제다. 과유불급(過猶不及)이라 하지 않던가? 지나치면 미치지 않는 것과 같다는 말이다.

우리는 이러한 시대상에 살기에 나는 스스로의 정체성에 대한 말로 "그대가 어디서 왔는지 알고 사느냐?" 물었다. 정체성이란 본질적인 것인데 인간의 출생 이전을 제대로 알아야 본질을 알 수 있다. 그러해서 그것을 설명하기도 쉽지 않다.

그것을 알지는 못할지라도 미혹에 빠지지 않고 자신이 몸을 받아 현재 살아갈 수 있음이 얼마나 소중한가를 제대로 알아 험난한 세상을 잘 살아간다면 이것은 참으로 다행한 일이 아닐 수 없다.

왜, 현신하는 인간이 소중한가는 가까이로는 부모의 피골을 받아 세상에 나왔지만 불교적으로 본다면 숙세에서 많은 선근복덕이 있어 이 세상에 나올 수 있기 때문이다.

이 시의 끝자락에 피안에 이를 수 있다는 말은, 피안이란 저 언덕이라는 말로, 인간의 이상세계라 할 것이다. 마치 티벳인들의 곤륜산(崑崙山)과 같다.

자신을 바로 알고 살자

현금신변약풍번 現今迅變若風幡
범성동거용사혼 凡聖同居龍巳混
극복현시신정립 克服現時身定立
생전불루사등륜 生前不漏死登崙

변화하는 오늘날 빠르기가 바람에 일렁이는 번 같고
범부와 성인이 동거하고 용과 뱀이 섞여 있네
이러한 때를 잘 극복해서 자신을 바로 세우면
생전엔 거리낌이 없고 사후는 곤륜산에 오르리.

세월이란 지나고 보면 참 빠르기도 하다. 세월은 지나고 나서야 알 수
있다. 마치 허공과 같아서 잡으려 해도 잡히지 않고 보려고 해도 볼 수
없는 것이 세월이다. 세월을 불교에서는 무상살귀(無常殺鬼)라 비유한다.
속담에 세월 앞에 장사 없다는 말이 이런 때가 되면 참 실감난다.

現今迅變若風幡
凡聖同居龍巳混
克服現時身定立
生前不漏死登筌

戊戌新正
一波堤子

요즘 같아서는 세월이 왜 이리도 빠르다 느껴지는지, 빠르다는 것은 지금의 시대상이다. 흘러가는 시간이야 예와 지금이 다르지 않다. 문제는 빠르게 변화한다는 데 있다, 보라 예전 같으면 10년이 지나도 별로 변하지 않았다면 지금은 10년 지나 고향 찾으면 찾기가 어렵다. 이것이 오늘의 세태다. 마치 바람에 펄럭이는 번 같지 않은가?

과거 같으면 인간사에서 높낮이가 대개 정해져 있다. 글을 많이 읽은 사람을 선비라 부르고 학문이 깊으면 학자 소리를 듣는다. 관에 나아가면 관료요, 국록을 먹고 지위가 높으면 판서 정승 소리를 듣는다.

그러던 것이 지금은 무엇이 위고, 무엇이 아래고, 무엇을 좋다 나쁘다 할 수 있는지 정의하기 어렵다. 돈 많은 트럼프가 미국 대통령이 된 현실도 그렇고, 권력의 정점에 있어도 돈 때문에 자리도 명예도 졸지에 떨어지는 것이 오늘의 현실이다.

예전 같으면 벼슬하면 출세라 했지만 지금은 그런 벼슬이 별 의미가 없는 세상이다. 벼슬보다 더한 직업이 얼마든지 있기 때문이다.

이러한 사회다 보니 범부와 성인이 차별을 떠나 함께 살고, 용과 뱀이 서로 얽혀 있다. 이것은 비유다. 용은 지혜를 상징하는 동물이면서 신분이 높은 분을 뜻하고 뱀은 예전으로 보면 상놈, 천민 노예 이런 뜻을 가진다. 바로 이런 것이 오늘 우리 사회다.

그러므로 해서 자칫 자신을 제대로 모르고 자신을 제대로 살피지 않고 세상과 경쟁한다면 그런 사람들은 실패한 인생이 될 수 있기 때문에 자신을 바로 보고 현실에 적응해야 승리하는 인생이 될 수 있다.

그렇게 될 때 거리낌 없는 삶을 살게 될 것이고, 나아가 임종을 앞두고도 슬퍼하고 괴로워하지 않을 수 있다고 본다. 뿐만 아니라 사후에도 생전에 바랐던 천당이든 극락이든 그곳을 향할 수 있으리라는 것을 곤륜산(崑崙山)에 오를 수 있다고 했다.

곤륜산이란 이상세계가 머문 산이기도 하고 또는 이상세계를 향해 승선(乘船)하는 곳이기도 하다. 그곳은 서왕모(西王母)가 사는 곳이며 무릉도원이 있어 영원한 생명을 얻을 수 있는 복숭아 나무가 있는 곳이기도 하다.

동지섣달에

무심위납연 **無心爲臘年**
전국동승선 **全國動僧禪**
실고휴류읍 **失庫鵂鶹泣**
원도객불면 **遠途客不眠**

무심히도 해는 섣달이라
온 나라가 요동쳐도 스님은 참선만 하네
곳간 잃은 부엉이 슬피 울고
길 먼 나그네 잠 못 이뤄 하노라.

세월을 흐르는 물에 비유한다. 흐르는 물은 끊임이 없기 때문이다. 예
부터 그렇게 비유를 해왔다. 여기서 무심이란 글은 글대로 하면 생각 없
음이다. 생각이 없다 함은 생각을 초월한다는 의미다. 다른 말로 표현하
면 생각할 여유가 없다는 말이 된다.

309

310

지금의 한국은 대혼란으로 요동친다. 마치 거대한 쓰나미가 밀려오는 것 같아서 무엇을 집어삼킬지 짐작하기 어렵다. 지난여름부터 공수처(공직자수사처)법과 연동형선거제도의 국회 상정을 두고 지금 그 끝을 달리고 있다. 아무리 생각해도 반환점을 돌아선 현 정부가 야당과 국민들이 반대하는 가운데 그토록 그것을 관철해야 하는지 진실로 안타까운 일이라 하지 않을 수 없다. 특히 현 정부의 권력형 비리수사가 수개월을 넘기며 연일 언론에 오르내리는데 진실로 개혁을 위해 이런 법을 만든다고 다수의 국민들은 그렇게 생각하지 않는다. 덧붙이자면 자신들의 권력을 지키고 또한 그러기 위해서는 야당을 무력화하기 위한 수단에 지나지 않는다.

공수처법은 1국 2체제인 홍콩에서 시행하는데 그곳에서도 우리처럼 기소권과 수사권 모두를 가지지 않는다. 즉 수사권만 있지 기소 권한은 없다. 이런 유래가 없는 법을 만들려는 정부가 큰 오판을 하고 있다.

불교에서는 한번 생성된 것은 그냥 사라지지 않는다 해서 정업불멸(定業不滅)이라 한다. 시간은 돌고 있고 역사도 돌고 있다. 그 무엇이라도 그냥 없어지지 않는다. 에너지 불변의 원칙처럼 말이다. 권력이란 길지 않다. 길 수가 없다. 앞으로 2년 몇 개월 후 권력이 바뀌면 현 정부에서 권력을 농단한 자들은 적폐청산에 오르게 된다. 그때 가서 후회할 것을 알면서도 지금처럼 행동할 일인가?

중국 청대의 소설가 조설근(曹雪芹)이라는 사람의 이야기다. 그는 좋은 집안에서 살았지만 선대의 잘못이 있어 늘 가난하게 살면서 지조를 지키려 애를 썼다. 그가 남긴 글귀가 오늘 우리 사회에 귀감이 되겠기에 옮겨본다.

"부를 멀리하고 가난을 가까이하여 예로써 서로 벗하는 자도 천하에 있지만 친척을 멀리하고 벗을 속이며 재물 때문에 의를 저버리는 자가 세간에는 많구나." (遠富芹貧 以來相交天下有 疎親譴友 因財絶義世間多)

오늘의 시국은 의와 지조보다는 재물이 우선이고 권력에 목맨다. 내일은 오지 않아서 그런지는 몰라도 오늘 취하고 보고 범법하고 보자는 심리가 우리 사회 만연하다. 이러한 난국에 "자신을 돌보고 인간의 심성을 밝힌다."(上求菩提下化衆生)는 높은 도덕적 가치를 지닌 종교인이 그 몫을 다하지 않는 것이 현실이다. 불교 승려들이 시대의 요구에 부응하지 못한다는 말이다. 절간에 앉아 참선을 한다는 것은 개인의 수행이다. 그것이 잘못이라 말하진 않는다. 다만 시대가 이토록 엄중한데 다수는 아니래도 사회에 영향이 미칠 수 있는 고승들이라면 이런 시국에 권력자들을 향하든 국민들을 향하든 법문(法門) 한마디 하지 않는다는 것이다. 한국불교는 늘 호국을 해왔다. 자신의 수행보다 국가와 국민을 위해 오늘에 이르렀다.

부엉이는 늘 곳간에 식량을 준비하는 새다. 그런 새가 곳간을 잃었을 때 그 심정이 어떨까? 또한 길 먼 나그네가 잠을 제대로 자지 못한다면 어찌 먼 길을 제대로 갈 수 있겠는가? 이 두 구(二句)는 비유다. 지금의 서민생활이 곳간을 잃을 정도로 어렵다는 뜻이고, 먼 길 나그네는 우리가 설계하면서 살아가는 앞날에 대한 불안감에 대한 뜻이다.

세상사에는 정답은 없다. 아무리 소중한 삿갓을 귀하게 써도 태풍이 불면 삿갓을 고쳐야 하고 발가벗은 상태에서 불을 맞으면 수치심을 걷어차고 뛰쳐나가야 하는 것처럼 우리 사회가 그 무엇을 정답이다 아니다 할 것인가?

현금의 시국을 보면 의혹이 뻔하고 잘못이 백일하에 드러나도 그것을 외면하려고만 하는가 하면, 오히려 그런 사람들을 부축이고 환대하며 보호하려고까지 하는 세상이다. 가령 어떤 잘못이 있어도 반은 찬성하고 반은 반대를 하니 이런 현상을 어떻게 판단할 수 있겠는가? 속담에 눈 둘 가진 사람이 눈 한 개 가진 사람들 마을에 가면 병신 소리 듣는다.

이 대목에서 공자 같은 성인은 역시 성인다운 판단을 했다. 자신의 공부나 덕망이 살면서 터득한 면도 있겠지만 한편으로는 타고난 면이 있다는 생각에서 그는 생이지지(生而知之 나면서 안다는 말)를 말했다가 어느 날 바닷가 어부와 대담 중 생이지지가 아님을 판단해 그는 제자 안연 등을 모아놓고 자신이 말한 생이지지는 틀렸다고 말했다. 우리 모두가 공자의 시대도 아니고 공자 같은 성인의 품성을 지닌 건 더욱 아니다. 하지만 세상의 안목이 축출한 성인들의 가르침을 늘 새겨보아야 할 시점이 지금의 우리 시대가 아닌가 한다.

역사의 거울 앞에서

역사경무반 **歷史鏡無反**
조정백성재 **朝廷百姓哉**
유지민주국 **唯知民主國**
직시정기개 **直示政旗開**

역사의 거울은 되돌릴 수 없고
정부는 백성으로부터 비롯하니
나라도 주권도 백성에 있음을
정부는 바로 보고 기치 펼치기를

시간이 흘러 계절은 가을로 돌아왔건만 왠지 모르게 가을이 가을 같
지 않다. 가을은 결실의 계절이다. 농부의 피와 땀이 들어간 가을은 더욱
풍요한지도 모른다. 우리에게는 수많은 직업이 있지만 직업 중에 제일
가는 직업이 농부가 아닌가 한다. "농자천하의 근본"이라는 글귀를 많이

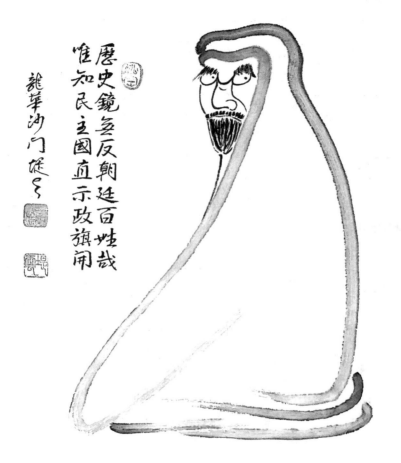

歷史鏡无反朝廷百姓哉
惟知民主國直示政旗開

龍華沙門旌久

315

보아왔듯이 농부가 없으면 살아갈 수가 없다. 누가 농부를 필부(匹夫)라 하겠나, 비행기 자동차 배 따위 없어도 살 수 있지만 농사하지 않으면 살 아갈 수 없다.

가을은 더하지도 감하지도 않길 바라는 좋은 계절이다. 하지만 경제지수가 말하듯 현재의 경기는 외환위기 못지않다고들 말한다. 이런 시점에 직업을 구하지 못해 실업자는 늘어나는데 정부는 국민들의 여망과는 거리가 멀어도 한참이나 먼 것 같은 그런 현실을 우리는 받아들이고 있다.

얼마 전인가 촛불집회가 열렸다. 촛불집회 참가한 사람들 입에서 "적폐청산을 외치며 들어선 정부가 적폐도 제대로 청산하지 못하고 국민을 안심시키지도 못하니…" 정부는 국민이 있으므로 존재하거늘 요즘 정부는 정부를 위한 정부가 되어 국민의 주권은 보이지 않고 정부에 국민을 맞추려는 듯 인상을 지울 수 없다. 현 정부가 적폐청산을 외치며 들어섰지만 앞 정부와 무엇이 달라졌는지 묻고 싶다. 혹 자기식구 감싸기에 바빠하지 않았는지….

대한민국은 주권국가다. 그러함에도 주권을 놓아버리지는 않았는지 또한 소위 진보라는 특권의식에 빠져들지는 않았는지? 진보란 앞서간다는 뜻이고 이에 반하는 보수는 옛것을 지킨다는 뜻이 된다. 물론 해석에 따라 좀 달리 볼 수도 있다. 문제는 진보만이 전부일 수 없고 또한 보수만이 전부일 수도 없다. 세상은 조화다. 조화는 균형에서 나온다. 균형이 깨지면 사회는 혼란해진다.

역사는 지나가버린 흔적 정도로 생각해서는 안 된다. 역사는 살아있고 역사는 말 없는 말을 한다. 아무리 현재가 중요할지라도 과거를 잊거나 버릴 순 없다. 현재를 바로 보기 위해서는 과거라는 거울을 보지 않을 수 없다. 다 알다시피 KAL기 폭파, 천안함 폭침, 아웅산 테러 등의 일이 아직 생생한데 현 정부가 내세우는 평화의 케치프레이즈는 현 정부를 따르는 일부 국민들의 공감을 살진 몰라도 역사의 피드백으로는 선뜻 받아들이기가 쉽지 않다.

그러므로 나라와 국민은 무엇이 먼저랄 것 없다. 백성이 있어 나라가 있고 나라가 있으니 백성이라 할 수 있다. 그렇게 볼 때 오늘의 정부와 여당 그리고 일부의 진보세력들이 외치는 '평화'는 깊이 생각해볼 일이다. 역사는 우리에게 늘 흐르는 물과 같다. 현재는 그 물위에 놓인 돌다리와 같아서 돌다리도 두드려보며 건너라는 속담을 좋은 예로 임진왜란의 아픔이 있었지만 우린 그것을 망각했기에 을사보호조약이라는 뼈아픈 대가를 치를 수 있었다.

며칠 전 미국의 모 언론사가 현재 진행되는 남북 평화 프로세스에 대해 인터뷰를 했는데, 한국인이 감성에 젖어 있을 때 이성이 발달한 서방의 한 미국시민이 "지금 신뢰한다 해도 시간이 필요해"(I need time to trust now)라는 이 말은 우리에게 많은 시사를 한다. 우리에게 일어난 일들이

엊그제 같고 아직 사과도 없었고 이러한 현상에서 무조건 그들의 뜻에 따라간다면 또다시 천안함 폭침 같은 일이 일어나지 말라는 법이 있겠는가?

현 정부에게 바라는 바는 이번 같은 기회는 두 번 오기 힘든 호기다. 마치 예전 선비들이 말하는 "때는 두 번 다시 오지 않는다. 이 때를 잡아 놓치지 말라"(時乎時乎不再來勿入期時) 하였듯 남북평화 프로세스에 있어 우선해야 할 일이 '북의 사과'다. 이것이 이번 기회에서 가능하다. 이 기회를 놓치면 다시 찾기 어렵다. 생각해 보라, 우리의 주변에서 중대한 일이 있었음에도 시간이 조금 지났다고 없었던 일로 내버려두고 다시 일을 도모할 수 있겠는가. 때는 선후가 좀 뒤바뀌긴 했어도 시급하다. 그들의 사과를 먼저 받아라. 그리고 평화 프로세스다.

동지를 앞두고

청춘종고향 **靑春從苦香**
노세애무상 **老歲碍無常**
예력불영원 **譽力不永遠**
시래동지량 **時來冬至量**

청춘은 고통이 따라도 향기 나고
늙어서는 덧없음을 꺼리네
권력도 명예도 영원하지 못해
때는 동짓달 왔음을 헤아린다.

요즘 유행하는 노랫말에 "세상이 왜 이래"라는 구절이 떠오른다. 세상 그 무엇도 변화하지 않음이 없음을 모르지는 않지만 요즘같이 큰 변화를 누가 짐작했을까? 코로나로 온 나라가 이토록 얼어붙을 줄 어느 의사가 어느 술사가 예언할 수 있었겠나? 부산 범어사 일주문에 들어서면

青春徒徙菩香
老藏得無常
譽力无永遠
時束冬⸺无量

320

"이 문에 들어서면 안다는 것 버려라"(入此門內莫存知解)는 말이 요즘 같아서는 많은 생각을 안겨 준다.

우리는 지금 엄청난 변화를 겪고 있다. 지금 힘들어 해도 어느 때가 되면 지금보다 더 힘든 날도 올 수 있다. 다행하게도 인간은 적응의 영물로서 초근목피(草根木皮)로 연명을 하면서도 견뎌냈고 전쟁의 화마가 온 나라를 태워도 이겨냈다.

이러한 어려움이 닥칠 때 젊음은 그것을 잘 이겨내지만 노쇠하면 이겨내기 힘들다. 권위주의가 노쇠라면 자유민주주의는 젊음이다. 그런데 이 민주주의가 지금 흔들리고 있다. 질병으로 국민들의 삶은 어렵고 국가의 부채는 늘어 가는데 권력의 다툼이 국민들의 마음을 아프게 한다.

예전 신라시대 고승 자장(慈藏)은 왕으로부터 대보(大輔. 재상과 같은 업무)의 직위를 부여받지만 그는 거절했다. 아마 그때의 말이 "계를 가지고 하루를 살지언정 계를 파하고 백 년 살기 원치 않노라." 그는 신라가 삼국을 통일하는 데 큰 공을 세웠으며 대국통(大國統)이자 대율사(大律師)다. 조선시대도 수행자의 본분안목이 돋보이는 일화가 있다. 임진왜란 때 승병의 우두머리로 왜구와 싸웠고 그 후 일본으로 건너가 우리의 포로 3000명을 구해 본국으로 돌아온 그의 공에 선조 임금은 벼슬을 내렸지만 그의 스승 서산 스님이 제자 사명(泗溟)을 만나 깨끗한 바랑을 내리면서 "이 깨끗한 바랑(베낭)을 물들이지 말라."고 했다. 만약 신라의 자장 스님이 국가 권력을 받아 수행하고 사명 스님이 그렇게 했다면 오늘의 역사에서 그들이 추앙받을 수 있었을까?

이 글을 쓰는 오늘 법무부 차관이 검찰수장의 징계회부 참여를 앞두고 돌연 사표를 냈다. 권력이란 10년을 못 넘긴다는 말이 있지만 요즘 같은 스피드한 정보시대라면 10년은커녕 돌아서면 바로 그의 행각이 드러난다. 그러해서 공직자가 순간의 이익에 취해 일을 그르친다면 반드시 그 대가를 치르게 된다. 거리에는 민주주의가 죽었다는 상여행렬이 이어지고 우리나라 최고 대학교에서는 전직 대통령께 미안하다는 대자보가 나붙는 현실이다. 내용은 전 정부를 비판했는데 지금 정부는 그보다 더하기에 차라리 전 정부가 낫다는 것이다. 젊음의 꽃이라는 상아탑에서 '구관이 명관'이라는 의미가 예사롭지 않다.

이럴 때일수록 본분을 지키며 살아가는 것이 가장 바른 삶이라 할 수 있다. 본분이란 스스로 주어진 환경에 최선을 다하는 일이 될 것이다. 다만 욕심은 필요치 않다. 설사 당신이 옳은 일을 하다 그 자리에서 쫓겨 내려온다 해도 당신의 의지만 확고하다면 후회하지도 어렵지도 않은 삶을 영위해나갈 수 있다. 그러므로 의지를 구기지 말고 살자. 이 의지는 공자의 논어에서 "삼군 원수의 목은 벨 수 있어도 필부라도 의지는 뺏기 어렵다."(三軍元帥可脫首 匹夫不可脫志) 했다.

운명에 대하여

　우리들이 어느 극한에 이르게 되면 "운명이다."는 말을 한다. 운명은 무엇일까? 글자가 가지고 있는 뜻을 보면 "명을 운전한다." 명이란 무엇인가? 여기서의 '명'은 목숨 명 자로 과거로부터 이어져 내려온 업보(業報)라 할까? 그래서 이것을 숙명(宿命)이라고도 하는데 숙명적으로 보자면 과거(前生)로부터 이어져 예측하기 어렵고 비합리적이며 초능력적 힘의 작용을 이른다.

　하지만 조금 달리 보면 운명이라는 두 글자가 변화를 암시하고 있다. 무엇이 변화인가 '명' 자가 과거로부터 내려온 현재라면 '운' 자는 현재진행형이다. 운 자는 운전한다. 옮기다, 궁구하다, 는 뜻을 가지고 있는 동사로써 현재진행형의 뜻을 가진다. 그러므로 우리에게 어떤 불가항력적 일이 현실로 닥쳤다 해서 그냥 운명이라는 절대치로 받아들일 것이 아니라 바꾸겠다, 변화할 수 있다는 생각을 가진다면 우리의 운명은 얼마든지 변화할 수 있다.

예전 중국 명나라 때에 어떤 사람이 한 예언자로부터 앞날(運命)에 대해 가르침을 받았다. "당신은 말직 공무를 보는 운이고, 자식은 둘을 두고 살 운이다."라는 이야기이다. 세월이 지나고 보니 그때 예언자의 말이 딱 들어맞을 뿐 아니라, "생각하니 운명이란, 이렇게 정해진 것이구나, 무엇을 욕심낼까 보냐, 주어진 운명을 수용하리라." 하는 생각으로 그렇게 살다가 어느 날 공무로 멀리 출장을 가는 길에 절을 보게 되었다. 그 절에는 노스님 한 분이 보였는데, 노스님은 그에게 "어떻게 사느냐?" 물었다. 그때 그는 "주어진 운명이라면 굳이 노력할 필요가 있을까?" 하는 마음을 가지고 있었다. 그런데 노스님으로부터 "운명도 하기에 따라 바뀔 수 있다."는 말을 듣게 됐다. 그는 노스님의 말이 가슴에 와 닿음을 느끼고는 집으로 돌아와서 운명을 개척하기 위해 많은 노력을 했다. 그렇게 노력을 했더니, 운명이겠거니 그냥 살았던 지난 세월이 후회스러웠다. 그는 10년이라는 세월을 두고 마음의 공덕을 쌓아 후인들에게 "운명개조법"(運命改造法)이라는 글을 남겼다.

　이 이야기는 중국 명나라 선비, 원요범(袁了凡)이라는 사람이 어느 날 운곡(雲谷) 스님을 만나 운명은 의지와 노력에 의해서 바꿀 수 있음을 알게 되었다는 이야기다.

　아주 오래전 일로, 원효암에 살 때다. 도량은 아늑하면서도 산 기운이 머무는 그런 곳에, 백단 작약 장미 국화 수국 등 많은 수종의 꽃나무와, 오래된 모과와 감나무가 빼곡한 정원의 빛깔이 유난히 좋았던 오후 시간에, 잠시 마루에 걸터앉아 정(定 교요한 상태)에 들었는데, 인기척 소리에 머리를 들었다. 눈앞에 40중반 정도의 나이에 살집이 좀 있어 보이는 여인이 보였다. 그는 나에게 인사를 하고는 조금 머뭇거리는 것을 보고 나는 "보살님, 이곳은 외진 곳인데, 어떻게 여기까지 오셨습니까?" 하고 인사로 물었다. 그러자 여인이 "스님, 좀 앉겠습니다." 해서 자리를 조금 옆으로 옮겨 앉았다. 여인과 나는 나란히 뜰을 바라보았다. 여인이 나에게 물어왔다. "스님, 운명이 뭡니까?" 했다. 당시에 나는 관법(觀法. 어떤 현상을 꿰뚫어 보는 힘)을 하며 지내고 있었던 터라, 고개를 조금 틀어서 얼굴을 응시하니 얼굴에 한(恨) 길(주름)이 보였다.

여인은 일찍이 결혼하여 아들을 두자 남편과 이별하는 운으로 보였다. 그는 자식을 위해 어떻게 살까를 생각하다 삯바느질을 하면서 그렇게 자식을 위해 열심히 살았다. 아들이 고등학교를 다니고 그러던 어느 날 한 남자를 만났다. 소위 팔자 고쳐보자는 마음으로 그와 재혼했다. 그는 돈이 좀 있는 사람이었다. 삯일을 하지 않아도 되겠구나 하는 생각에 재혼을 했다. 그러나 때늦은 재혼에 자식을 대하는 어미의 마음이 늘 편치 못하였다. 한편으로는 후회하는 마음도 들었다.

고생 고생 했어도 자식 굶기지 않고 고등교육까지 시켜 왔는데 조금 더 잘살자고 그렇게 살자니 늘 편하지 못한 삶의 연속이었다. 그렇게 살기를 해가 가고, 달이 차다가 무엇이라도 해야겠다는 마음에 남편의 도움을 받아 시장에 식품가게를 차리고 살지만 늘 바빠 하루도 쉬는 날이 없을 정도였다. 그러던 어느 날 시간을 내어 절을 찾게 된 것이다.

만약 이 여인이 운명의 변화를 알고 삶을 개척했다면 후회하고 괴로 워하는 말을 하지 않았을지 모른다.

되돌아보면

수행사오과춘경 **修行四五過春景**
회고조비전화경 **回顧鳥飛電火頃**
하득속망단후계 **何得俗忘斷後繼**
부영지순부진행 **富榮知瞬不眞幸**

수행의 길 45년이 봄날 햇살 같고
돌아보면 새가 나는 듯 전깃불 번쩍이듯 해서
무엇을 구하려 세속을 잊고 후손마저 끊었나
부귀영화는 한 순간 이 길 택하길 다행하지 않는가?

　수행하겠다고 산을 찾았지만 막상 산에서 생활하다 보면 많은 생각을 하게 한다. 이 길 선택이 올바른가? 세속의 두려움에서 이 길을 택하진 않았나? 이런저런 생각을 하게 했다. 그런 생각이 강하게 들쯤 수계 (受戒)를 했다. 계를 받기 전에는 수행자라 할 수 없다. 계를 받아야 수행

修行四五過 春景回顧鳥飛電火頃
何待俗忘斷後 繼富榮知瞬不真幸
一波題畫

자의 길에 들어선다.

그렇게 계를 받고 나니 한편으로는 어려웠던 행자 과정을 겪고 목적의 관문에 들어왔으니 다행하다는 생각이 있는가 하면 또 한편으로는 부모 형제 친구 모두 버리고 세속의 도피자 같은 생각에 괴로워했다.

인간은 환경의 적응을 잘하는 동물이다. 극단의 예로 과거 역사에서 보면 전쟁을 해서 적의 우두머리를 제압하면 그의 부인을 죽이지는 않는다. 대신 데려다가 시녀처럼 부린다. 그럴 때 간혹 정조를 지킨다고 자결하는 예도 있지만 대개는 그 환경에 적응하며 살아간다. 정조보다는 살아야 하는 가치가 더 크다 여기기 때문이다.

되돌아보면 선방에서 가부좌를 틀고 앉아 깊은 졸음과 싸워야 했고, 다리에 쥐가 나고 코피가 터져 좌복(방석)을 적시는가 하면, 만행을 하다 배고픔에 잠시 고향 생각을 일으켰던 순간순간들이 언제였던가? 하는 기억을 더듬어야 할 정도로 잠깐에 지나지 않는다.

중국의 순치황제(順治. 청의 3대 황제)가 출가를 해서 남긴 시에 "황제로서 일생 호사가 절집의 반나절 지냄도 되지 못하다."(百年三萬六千日 不及僧家半日閒) 했다. 나 역시 봄 햇살처럼 잠깐이라 표현했다. 출가자는 세속인과 조금 다르다. 단순히 자신만을 위한다면 어찌 부모형제의 연을 끊고 부모로부터 이어지는 후손의 씨를 버리겠는가?

출가자는 출가 전에 미처 알지 못함을 출가를 통해 구하기도 한다. 그러기에 단순히 혼자 몸을 위해 이 길을 들어섰다기 보단 운명적 결단이 아닌가? 중국의 고승 동산 양개 화상(洞山良介 807~869) 출가 시에 보면 "한 자식이 출가함에 구족이 생천한다."(一子出家九族生天) 했다.

시대는 변화 변천한다. 내가 출가할 시절과 지금의 시절은 많이 다르다. 그 시절은 가난에서부터 출가를 많이 했다. 이것은 부끄러운 일이 아니다. 가난하지 않았다면 출가의 인(因)이 없으니 이는 전생에서부터 출가하기 위해 가난한 집안의 자손으로 나온 것이다.

처음 출가했을 때는 산이 산이 아닌 줄 보고, 물이 물 아님으로 봤다. 이 말은 출가하지 않아도 이해할 수 있겠지만 부정하고 다시 긍정으로 돌아오는 것은 하나의 물건을 그냥 지시에 의해 따르는 것보다 그 기계가 가지고 있는 메커니즘Mechanism을 바로 이해하는 것과 같다. 또 다른 이해를 들자면 그냥 먹던 빵과 눈물에 젖은 빵의 차이랄까?

출가를 해서 깨달음을 얻는다는 것은 인간의 가치를 바로 안다는 뜻이 된다. 우리는 세상에 나와서 자신을 돌아보지 못하고 그냥 세상과 이별하는 경우도 많다. 그러나 수행자는 자신을 철저히 사무쳐 깨달음을 얻게 된다. 이 깨달음의 분상은 생사(生死)가 없다. 생사란 중생 세계이지 중생 세계를 뛰어넘으면 생사는 없다.

이것을 위해 목숨을 걸고 수행을 하는지도 모른다. 백척간두진일보(百尺竿頭進一步)라는 말도 수행자의 덕목에서 나온 말이다. 수행이란 이런 것이지만 출가 이전에는 다 알 순 없다. 출가해서 출가의 덕목을 세우고 부처님의 가르침과 선조사가 남긴 어록(語錄)을 통해 자아관(自我觀)을 확고히 하고 깨달음을 향해 앞으로 나아가게 된다.

　참 진리는 쉽게 보이거나 판단하기 어려워, 본시 이것이다 저것이다 할 수 없지만, 경계에 따라 희고 붉게 보일 뿐. (수행 45년은 2017년)

선악의 경계를 넘어서라

초판 1쇄 발행 2022년 3월 28일

글 그림 | 제운 스님
펴낸이 | 이의성

펴낸곳 | 지혜의나무
등록번호 | 제1-2492호
주소 | 서울시 종로구 관훈동 198-16 남도빌딩 3층
전화 | (02)730-2211 팩스 | (02)730-2210

ⓒ제운 스님

ISBN 979-11-85062-40-2 03220

* 잘못된 책은 바꾸어 드립니다.

시·서·화를 통해 본 수행자의 세상일지

꽃을 드니 미소 짓다

제운霽雲 스님 글·그림

지혜의나무

제운 스님 글·그림 값 18,000원